Karolina Larsson

Sprachliche Vorbilder in der Kita

Lernfortschritte erzielen durch gute Kommunikation

Sprachliche Vorbilder in der Kita
Lernfortschritte erzielen durch gute Kommunikation

Autorin
Karolina Larsson

Übersetzung aus dem Schwedischen
Katja Zöllner für Lund Languages, Köln

Lektorat
Stefanie Barthold, Urte Schroeder

Satz und Layout
Simone Hoschack

Foto, Cover
©Sammy Bailey/Austockphoto - stock.adobe.com

Druckerei
Optimal Media, Röbel/Müritz
Gedruckt auf chlorfrei gebleichtem Papier

Verlag
Bananenblau – Der Praxisverlag für Pädagogen
E-Mail: info@bananenblau.de
www.bananenblau.de

ISBN 978-3-946829-59-1

Die Originalausgabe erschien unter dem Titel *Språklig förebild i förskolan – kommunikation och ledarskap som påverkar barns lärande*

Inhalt

Vorwort

Internet-Trolle, Neonazis, Terrorismus – diese und ähnliche Themen spielten in der medialen Berichterstattung der vergangenen Jahre eine immer größere Rolle. Vor diesem Hintergrund entstand die Idee, ein Buch zu schreiben, das sich mit vorbildlicher Sprache und Kommunikation befasst. Es sollte davon handeln, wie Sprache mit dem Wertefundament unserer Gesellschaft zusammenhängt. Mit Gemeinschaft, Sicherheit und Demokratie.

Mit anderen zu kommunizieren ist eine grundlegende menschliche Fähigkeit, aber auch ein Menschenrecht („Allgemeine Erklärung der Menschenrechte“ der Vereinten Nationen, Artikel 19). Kommunikation durchdringt unser gesamtes Zusammenleben. In der Kindheit ist die Entwicklung von Kommunikation, Sprache und Interaktion von zentraler Bedeutung. Zu sprechen und zu kommunizieren beeinflusst unsere Art zu handeln und unsere Teilhabe – das wiederum wirkt sich auf die Entwicklung unserer Identität und unseres Selbstbildes aus. Das alles zeigt: Die Arbeit mit Sprache und Kommunikation in der Kita ist auf lange Sicht eine Arbeit an unserem Wertefundament.

Während all meiner Jahre als Logopädin und später als Sprach-, Lese- und Schreibentwicklerin für Kitas wurde mir klar, dass es die Erzieherinnen* sind, durch die ich die Sprachentwicklung von Kindern beeinflussen konnte. Doch meine Aufgabe, mehr als 250 Abteilungen in einer schwedischen Kommune zu unterstützen, ließ nicht zu, ausreichend Zeit mit jeder Gruppe zu verbringen, um in der Praxis wirklich etwas zu bewirken. Also musste ich diejenigen mit in mein Planungsboot holen, die vor Ort sind: die Erzieherinnen. Sie sind,

*Um den Lesefluss nicht zu behindern, haben wir im Fließtext häufig nur die männliche oder weibliche Form gewählt. Es dürfen sich aber immer alle Geschlechter angesprochen fühlen.

zusammen mit den Erziehungsberechtigten, in der Regel die wichtigsten sprachlichen Vorbilder für Kita-Kinder.

Erzieherinnen geben wertvolle Impulse, unterstützen gezielt und individuell. So können sich alle Kinder auf der Grundlage ihrer eigenen Voraussetzungen und Bedürfnisse entwickeln. Dafür Sprache ganz bewusst zu verwenden, schafft einen Mehrwert. Im Erzählen und Zuhören entwickelt sich der Wunsch, einander zu verstehen, sich zugehörig zu fühlen. Es entsteht gegenseitiger Respekt.

Dieses Buch beschreibt, wie Kinder ihre Sprache und Kommunikation entwickeln. Doch es regt auch dazu an, die Aufmerksamkeit nicht nur auf das Kind zu richten, sondern auf dessen Gesprächspartner. Das sind alle Personen oder Personengruppen, in denen das Kind sich und sein Sprechen spiegelt. Kindern ein Gesprächspartner zu sein, ist eine verantwortungsvolle Aufgabe. Wer mit Kindern redet, ist an der Entwicklung ihrer Sprache und Kommunikation direkt beteiligt. Auch Gesprächsklima und -umgebung sind dabei relevant. Dieses Buch handelt davon, ein guter Gesprächspartner für Kinder zu sein. Es zeigt, wie wir zu sprachlichen Vorbildern werden können.

Karolina Larsson, Juni 2019

Sprachentwicklung – ein lebenslanger Prozess

Die lebenslange Sprachentwicklung beginnt bereits im fetalen Stadium. Der Prozess des Spracherwerbs findet während des gesamten Lebens statt, aber er sieht in verschiedenen Phasen unterschiedlich aus. In der frühen Kindheit ist die Sprachentwicklung intensiv. Die ersten sechs Lebensjahre sind für Kinder sehr wichtig, damit sie einen umfangreichen Sprachschatz entwickeln. Während dieser Zeit lernen sie, andere zu verstehen und sich auszudrücken. Außerdem müssen sie lernen, mit anderen Menschen zu interagieren, und sich eine Vielzahl von Wörtern und Begriffen aneignen. Sie lernen, Wörter zu flektieren und sie zu Sätzen zu kombinieren. Sie beginnen die Grammatik zu verstehen und lernen, wie unser Lautsystem – die Phonologie – funktioniert.

Grammatik und Phonologie sind sprachliche Bereiche, die sich vollständig beherrschen lassen. Sie bestehen aus einem begrenzten Satz an Regeln, die besagen, wie wir Sprache anwenden können. Der Wortschatz hingegen lässt sich nicht in gleicher Weise eingrenzen. Wie groß der Wortschatz eines Individuums wird, hängt ganz davon ab, auf wie viele Wörter es trifft. Es gibt keine Höchstgrenze dafür, wie viele oder wie schwierige Wörter Kinder lernen können. Das menschliche Gehirn kann sich jede beliebige Sprache aneignen.

Was uns eher einschränkt, ist die Zeit. Es gibt so unendlich viele Wörter, dass es schwierig ist, sie im Laufe des Lebens alle zu lernen. Quantität und Qualität des Wortschatzes hängen davon ab, mit wie vielen Wörtern wir in Berührung kommen.

Während der Schulzeit schreitet die Sprachentwicklung schnell voran. In den Grundschuljahren und der Zeit an der weiterführenden Schule entwickeln sich vor allem der Wortschatz und die Lese- und Schreibkompetenz. In der Schule lernen Kinder eine Vielzahl von Fachbegriffen, die nicht zum alltäglichen und gebräuchlichsten Wortschatz gehören. Darüber hinaus lernen sie zu lesen, was zur Folge hat, dass sie eine große Menge an anspruchsvollerer Sprache aus Büchern aufnehmen können.

Im Erwachsenenalter variieren die sprachlichen Herausforderungen und die Anforderungen an die sprachlichen Fähigkeiten von Person zu Person. Je nach Interessen, Lebensstil und Berufswahl entwickeln sich die sprachlichen Fähigkeiten unterschiedlich. In einigen Berufen ist die Fähigkeit, umfangreiche und komplizierte Texte aufnehmen zu können, sehr wichtig. Andere Berufe erfordern soziale Kompetenzen und die Fähigkeit, sich Situationen und Gesprächspartnern anzupassen. Manche Lebensphasen bringen neue Anforderungen an die sprachlichen Fähigkeiten mit sich, die zu einer Intensivierung der Entwicklung führen können: zum Beispiel, wenn wir studieren, den Arbeitsplatz wechseln oder ein neues Hobby anfangen. Häufig ist es das Vokabular, das von solchen Lebensereignissen am stärksten betroffen ist.

Während unseres gesamten Lebens üben wir außerdem, mit anderen Menschen zu interagieren. Wir lernen, was Interaktion bedeutet und dass sie in verschiedenen Situationen unterschiedlich funktioniert. Ein Abend in der Kneipe stellt andere Anforderungen an unsere soziale Kompetenz als ein feines Abendessen. In verschiedenen Umgebungen wird von uns erwartet, dass wir auf unterschiedliche Weise handeln und in Aktion treten. Wenn wir ein sozial reiches Leben führen und in verschiedenen Kontexten Kontakt zu Menschen aus unterschiedlichen Milieus haben, entwickelt sich unser Verständnis für soziale Codes und die geschriebenen und ungeschriebenen Gesetze der Interaktion und des Miteinanders auch im Erwachsenenalter weiter. Wir werden besser darin, die Absichten anderer Menschen und ihre Erwartungen an uns zu verstehen.

Die kindliche Sprachentwicklung

Wie funktioniert Sprachentwicklung eigentlich? Der Fötus hört die Stimme seiner Mutter, seines Vaters und anderer Familienmitglieder bereits im Mutterleib. Das Kind lernt, sowohl die Stimmen als auch die Sprachmelodien der Familienmitglieder zu identifizieren.

Bei der Geburt ist die Sprachentwicklung also bereits im Gange. Das Kind verfügt nun schon über eine Reihe wichtiger Fähigkeiten, die es ihm ermöglichen, die Sprache zu erlernen. Unmittelbar nach der Geburt schreit das Neugeborene normalerweise. Das ist ein Signal an die Umwelt: „Ich bin hier, nimm mich wahr, ich brauche Hilfe, kümmere dich um mich."

Recht bald beginnt der Säugling auch, Augenkontakt mit anderen Menschen herzustellen. Wenn sich die Blicke des Kindes und seiner Eltern treffen, entsteht eine Verbindung. Der Augenkontakt stärkt die emotionale Bindung zwischen ihnen. Das bewirkt, dass sich das Kind an seine Familienmitglieder wendet und sie nachahmen will. Es verfügt über die angeborene Fähigkeit zur Nachahmung und versucht die Personen zu imitieren, die von Bedeutung sind. Zuerst ahmt es den Gesichtsausdruck nach, dann allmählich Laute und Worte, Gesten und Verhaltensweisen. Die Nachahmungsfähigkeit ist bei jeglicher Art des Spracherwerbs von entscheidender Bedeutung.

Alle Kinder auf der ganzen Welt plappern zunächst auf ganz ähnliche Weise. Ein faszinierendes Phänomen. Nach und nach imitiert das Kleinkind die Sprache, die es in seiner Umgebung hört, und das Plappern klingt mehr und mehr wie diese Sprache. Alles Geplapper und Erzeugen von Lauten während des ersten Lebensjahres ist in Wirklichkeit ein fleißiges Üben für das Sprechenlernen. Irgendwann um den ersten Geburtstag herum spricht das Kind in der Regel seine ersten richtigen Wörter.

Die Kommunikationsbereitschaft ist groß, und allmählich entstehen immer mehr Dialoge zwischen Kind und Erwachsenem. Das Kind übt sich im Gespräch, was bedeutet, dass sich die Beteiligten während der Kommunikation abwechseln. Auf den Anstoß einer Konversation folgt eine Antwort, auf die dann weitere Antworten folgen. Das Gespräch geht hin und her. Das Kind hört interessiert zu, wenn jemand spricht, und antwortet, indem es Laute von sich gibt, Grimassen zieht, mit Armen und Beinen zappelt oder plappert. Kinder sind früh in der Lage, an langen Gesprächen teilzunehmen und dabei ihr gesamtes Repertoire an Blicken, Körpersprache und Lauten zur Kommunikation zu nutzen. Der aufmerksame Erwachsene versucht, die Kommunikation des Kindes zu interpretieren und zu verstehen.

Die kindliche Kommunikation

Allmählich differenziert das Kind seine Ausdrucksweise und zeigt Freude, Interesse, Zufriedenheit und Unzufriedenheit. Nach einigen Wochen, manchmal Monaten, lächelt das Kind zurück, wenn jemand lächelt, und kann seine Aufmerksamkeit immer besser fokussieren und lenken. Die Fähigkeit zur Aufmerksamkeit entwickelt sich weiter – bald kann das Kind zusammen mit einem anderen Menschen einen gemeinsamen Fokus halten. Diese gemeinsame Aufmerksamkeit ermöglicht die Interaktion und Konversation über eine dritte Sache, die über die beiden Gesprächspartner hinausgeht. Ein Beispiel: Ein Kind und ein Erwachsener unterhalten sich und zeigen dabei zum Himmel, weil ein Flugzeug vorbeifliegt.

Gemeinsam den Fokus auf etwas zu richten und sich abwechseln zu können, sind Voraussetzungen für viele Spiele und Aktivitäten – zum Beispiel, sich gegenseitig einen Ball zuzurollen, einen Turm aus Bauklötzen zu bauen, gemeinsam ein Puzzle zusammenzusetzen oder ein Buch zu lesen.

Das Plappern entwickelt sich schließlich von einfachen Vokallauten zu aufeinanderfolgenden Silben, zum Beispiel „bababa", „gagaga" oder komplexer „jodijodijodi". Wenn das Kind etwa ein Jahr alt ist, beherrscht es normalerweise die ersten Wörter. Sobald es über ungefähr 50 aktive Wörter verfügt, kombiniert es sie zu einfachen Sätzen. Zuerst kann es Sätze mit zwei Wörtern bilden, dann reiht es allmählich drei Wörter aneinander und schließlich noch mehr. In den ersten vier Lebensjahren setzt sich diese Entwicklung des Wortschatzes und der Grammatik mit rasender Geschwindigkeit fort. Ausgehend von dem anfänglichen Zustand, von den nächsten Familienangehörigen verstanden zu werden, können sich die meisten Kinder im Alter von vier Jahren auch für Außenstehende verständlich machen. Dann sind die meisten Laute im Lautsystem gefestigt, und das Kind kann zusammenhängend erzählen.

Mit vier Jahren beginnt sich das Kind auch für eine weitere Dimension der Sprache zu interessieren: den Klang. Anstatt sich auf das zu konzentrieren, was gesagt wird, kann das Kind seine Aufmerksamkeit darauf richten, wie etwas gesagt wird. Das Kind interessiert sich für Reime und Lieder, achtet auf Sprachlaute und versteht, dass sie unterschiedlich klingen. Es beginnt auch zu verstehen, wie Sprache strukturiert ist, und interessiert sich vielleicht für Buchstaben. Indem es Sprachlaute und Buchstaben versteht, lernt das Kind allmählich, die Architektur des gesprochenen und geschriebenen Wortes zu beherrschen. Dass Namen kurz oder lang sein können und dass dieselben Wörter unterschiedliche Dinge bedeuten können, obwohl sie gleich klingen, gehört ebenfalls zu dem, was üblicherweise als sprachliches Bewusstsein bezeichnet wird.

All diese Fähigkeiten sind für das Kind wichtig, denn das sprachliche Bewusstsein kann als Brücke zwischen der gesprochenen und der geschriebenen Sprache fungieren. Ein gut entwickeltes sprachliches Bewusstsein trägt dazu bei, gute Bedingungen für das Lesen- und Schreibenlernen zu schaffen.

Das wichtige Sprachverständnis

Es ist leicht, sich auf die Ausdrucksseite der Sprache zu konzentrieren, also auf die Sprache, die Kinder selbst erzeugen und die wir hören. Es ist spannend und faszinierend zu verfolgen, wie sich die Sprache des Kindes entwickelt. Doch es gibt allen Grund, auch über das nachzudenken, was bei der kindlichen Sprachentwicklung nicht zu hören ist. Das Sprachverständnis erfüllt eine enorm wichtige Funktion. Sprache gut verstehen zu können, ist lebenslang von großem Vorteil. Ein gutes Sprachverständnis ist in vielen Situationen erforderlich, beispielsweise wenn es darum geht, Anweisungen zu befolgen, um zu verstehen, wie ein Freund spielen möchte, wenn uns jemand ein Märchen vorliest oder erklärt, was beim Ausflug passieren wird; außerdem immer, wenn uns jemand etwas erzählt. Als Erwachsener muss man über ein gutes Sprachverständnis verfügen, um die Nachrichten zu verstehen, sich Vorträge anhören zu können, Anweisungen zu folgen, um an der Kommunikation innerhalb der Gesellschaft teilnehmen und am politischen Leben teilhaben zu können. Auch für das soziale Miteinander, für die Teilhabe und Gemeinschaft sowie für alles Lernen ist das Sprachverständnis von Bedeutung.

Obwohl die Entwicklung des Sprachverständnisses komplex ist, geht sie häufig der Entwicklung der eigenen angewendeten Sprache voraus. Bereits im Alter von einem Jahr versteht ein Kind in der Regel mehrere Hundert Wörter, kann aber gleichzeitig nur wenige davon sprechen. Bei allen Begegnungen mit Sprache während des ersten Lebensjahres lernt das Kind allmählich, das richtige Wort mit dem richtigen Objekt oder Konzept zu verbinden. Das Sprachverständnis entwickelt sich kontinuierlich, indem das Kind mehr Wörter lernt, aber auch, wenn es beginnt, grammatische Funktionen wie beispielsweise Pluralendungen oder aktive und passive Sätze (Beispiel: der Hund jagt, der Hund wird gejagt) zu verstehen. Ein weiterer Teil des Sprachverständnisses besteht darin, Ausdrücke zu verstehen, die etwas anderes bedeuten als das, wonach sie klingen (Beispiele: neben der Spur sein, etwas geht ins Auge, der Schuster bleibt bei seinen Leisten usw.). Manchmal ist Sprache nicht ganz logisch oder leicht zu verstehen.

Das Sprachverständnis ist also auch abhängig vom Kontext, wie wir Wörter und Ausdrücke interpretieren und verstehen. Wer Schwierigkeiten mit dem Sprachverständnis hat, versteht nicht so gut, was andere Menschen sagen und was sie in verschiedenen Situationen meinen. Häufig entwickelt der Einzelne Strategien, um fehlendes Sprachverständnis auszugleichen. Manchmal hilft es, sich anzuschauen, was die anderen tun, oder die Situation mit ähnlichen Situationen zu vergleichen, in denen man sich zuvor befunden hat, und sich daran zu erinnern, was damals von einem erwartet wurde. Manchmal muss man auch nachfragen, gegebenenfalls mehrmals, oder es einfach darauf ankommen lassen und erraten, was gemeint ist.

Diese Kompensationsstrategien führen dazu, dass ein fehlendes Sprachverständnis für die Umwelt nicht immer offensichtlich ist. Sowohl Kinder als auch Erwachsene können ihre Schwierigkeiten häufig gut verbergen. Umso wichtiger ist es, dass Erzieherinnen in der Kita Strategien kennen, um auf Kinder mit Sprachverständnis-Schwierigkeiten aufmerksam zu werden, und dass sie auch wissen, welche Maßnahmen in solch einem Fall frühzeitig einzuleiten sind. Die Folgen dieser Schwierigkeiten können anderenfalls sowohl für die soziale Interaktion als auch für den Lernfortschritt des Kindes verheerend sein.

Von einzelnen Lauten zu einem voll entwickelten Lautsystem

In der Plapperphase üben Kinder, verschiedene Sprachlaute zu formen. Die Phonologie der ersten Wörter wird oft vereinfacht, weil sich das Kind die Sprachlaute in der Vorschulzeit erst nach und nach aneignet. Häufig fällt es Kindern leichter, Wörter auszusprechen, deren Sprachlaute weit vorn im Mund liegen. Die Labiallaute (b, p, m) und Laute, die weit vorn im Mund gebildet werden (n, v, t, d), sind normalerweise leicht zu lernen. Es ist wahrscheinlich kein Zufall, dass wir viele Wörter so vereinfachen, dass sie genau diese Laute beinhalten und damit Geplapper ähneln. Der Vogel wird „Piep-piep“ genannt, schlafen wird zu „heia machen“, und der Hund heißt „Wau-wau“, wenn wir mit kleinen Kindern sprechen. Viele Kinder übernehmen selbst solche Vereinfachungen und adaptieren ihre sprachlichen Vorbilder. Das Schaf wird vielleicht „Mäh-mäh“ genannt und die Kuh „Muh-muh“. Es ist nicht falsch, die Sprache für kleine Kinder zu vereinfachen, aber es ist natürlich wichtig, dass das Kind auch die korrekten Begriffe hört.

Wenn ein Kind Schwierigkeiten hat, einen Sprachlaut auszusprechen, kann das viele verschiedene Ursachen haben. Es kann Probleme haben, den Laut zu hören, oder es hört den Laut, hat jedoch noch nicht gelernt, ihn von anderen, ähnlichen Sprachlauten zu unterscheiden. Es kann auch sein, dass das Kind genau weiß, wie sich der Laut anhören soll, die Schwierigkeit aber in der Artikulation liegt. Manchmal ist es gar nicht so leicht, die verschiedenen Bereiche des Mundes so zu steuern, dass der Laut korrekt ausgesprochen wird.

Wenn das Kind alle Sprachlaute einzeln beherrscht, kann es immer noch herausfordernd sein, sie miteinander zu kombinieren. Im Deutschen gibt es viele knifflige Konsonantenkombinationen, die während des gesamten Vorschulalters Probleme bereiten können, zum Beispiel „schtr" wie in „Strumpf" und „Stroh" oder „schpr" wie in „springen" oder „sprechen". Die Sprache von Kindern entwickelt sich in der Interaktion mit anderen Menschen. Die Bezugspersonen des Kindes sind die Personen, die es nachahmt und die es imitieren möchte. Sie werden zu sprachlichen Vorbildern und vermitteln dem Kind nicht nur die Sprache selbst, sondern bringen ihm auch bei, wie es sich verhalten sollte, wenn es mit anderen Menschen zusammen ist.

Forschungshintergrund

Viele von uns sind intuitiv in der Lage, ihre Sprache so anzupassen, dass sie genau das richtige Maß an Schwierigkeit und Herausforderung für das Kind beinhaltet. Der Pädagoge und Philosoph Lev Vygotsky sagt über die proximale (nächste) Entwicklungszone des Kindes:

> *Die Zone der proximalen Entwicklung ist der Abstand zwischen dem tatsächlichen Entwicklungsniveau, wie es durch unabhängige Problemlösung bestimmt wird, und dem Niveau der potenziellen Entwicklung, wie es durch Problemlösung unter Anleitung eines Erwachsenen oder in Zusammenarbeit mit fähigeren Gleichaltrigen bestimmt wird.*
>
> *(VYGOTSKY, 1978)*

Die proximale Entwicklungszone ist die nächsthöhere Fähigkeitsstufe. Sie umfasst das, was das Kind bald selbst schaffen wird, für dessen Umsetzung es aber noch die Unterstützung anderer benötigt. Ein Säugling kann noch nicht sprechen, aber mithilfe anderer Menschen kann er an einer Konversation teilnehmen. Und dabei kann das Kind die Sprache der Erwachsenen nachahmen. Wie andere zu handeln, sie zu imitieren, verringert die Kluft zwischen dem, was man alleine beherrscht, und dem, was man zusammen mit anderen schaffen kann. Der Gesprächspartner des kleinen Kindes spielt daher eine unglaublich wichtige Rolle als Sprungbrett des Kindes für das, was es alleine noch nicht tun kann. Ganz unabhängig davon, ob es sich um einen Erwachsenen oder um andere Kinder handelt, die schon ein bisschen mehr können, als das Kind selbst beherrscht.

Wer mit Kindern spricht, muss wissen, dass er mit seiner eigenen Sprache den Weg für das ebnet, was das Kind noch nicht kann. Kinder brauchen sprachliche Vorbilder, denen sie nacheifern können. Ein Gesprächspartner, der dem Kind viele Möglichkeiten zur Interaktion in sozialen Beziehungen bietet, dient als Unterstützer seiner sprachlichen Entwicklung. Das Kind muss sich in der proximalen Entwicklungszone aufhalten dürfen. Selbst das, was in unmittelbarer Zukunft noch unmöglich zu lernen ist, kann den Samen für zukünftiges Lernen säen. Deshalb sollten wir keine Angst davor haben, Kinder mit abstrakter Sprache und komplexen Begründungen zu konfrontieren. Jede Entwicklung findet im Laufe einer längeren Zeit statt. Die Sprache, der das Kind heute begegnet, beeinflusst den Lernprozess, in dem sich das Kind zurzeit befindet, doch sie kann auch Türen für eine Entwicklung öffnen, die erst in ein oder zwei Jahren stattfindet.

In Lev Vygotskys Weltsicht ist das sprachliche Vorbild nicht nur der Schlüssel zur Sprache, sondern auch zu sozialen Fähigkeiten und zum Denken. All diese Fähigkeiten hängen zusammen. Soziale Interaktionen versorgen das Kind mit Sprache, doch sie führen auch zu gedanklichen Prozessen. Das bedeutet, dass Kinder in der intellektuellen Existenz, von der sie umgeben sind, sozialisiert werden. Kinder, die über sprachliche Vorbilder verfügen, die Fürsorge und Hilfsbereitschaft an den Tag legen, werden sich selbst zu ebensolchen Individuen entwickeln und sich fürsorglich und hilfsbereit zeigen. Wenn wir also wollen, dass sich Kinder in einer bestimmten Art und Weise verhalten, dann müssen wir ihnen dies jeden Tag mit unserem eigenen Verhalten und unserer Sprache vorleben.

Vom ersten Tag ihres Lebens werden Kinder in die Sprache hinein sozialisiert. Deshalb ist es wichtig, dass ein Kind eine Antwort auf seine Äußerungen bekommt – in Form von Körpersprache, Lauten oder Mimik.

> *Jede kommunikative Geste (Bäuerchen, Blinzeln, Kopfdrehung, Seufzen, Weinen, Lächeln, Laute, Armbewegung, Anspannen des Körpers) von Seiten des Kindes ist wichtig und trägt dazu bei, eine Interaktion zu entwickeln. Mutter und Vater betten das Kind ganz einfach in eine anspruchsvollere Sprachaktivität, ein anspruchsvolleres sprachliches Umfeld, ein, in dem beide Parteien (die Erwachsenen und das Kind) gleichwertige – nicht gleiche, aber gleichwertige – Mitglieder sind. Das Kind wird sofort und ohne Aufnahmeprüfung Mitglied des Vereins derjenigen, die sprechen.*

(STRANDBERG, 2006)

Kinder werden somit mit einem reichen sprachlichen Potenzial geboren und beginnen sofort, die Codes für die von ihren Familienmitgliedern gesprochenen Sprachen zu knacken (Lindö, 2009). Auf der ganzen Welt reagieren Eltern auf ihre Säuglinge in derselben einfühlsamen Art und Weise und versuchen, die Signale, die das Kind aussendet, zu interpretieren und auf sie zu reagieren. Die Fähigkeit dieser Menschen, sich in das Kind hineinzuversetzen, es intuitiv zu verstehen und auf es einzugehen, ist entscheidend für seine zukünftige emotionale, kognitive und soziale Entwicklung. Das Kind entdeckt und versteht die Welt durch seine Erziehungsberechtigten. Es existiert nicht isoliert und von der Außenwelt abgeschnitten, sondern zuerst existieren die Beziehungen des Kindes, und aus diesen entstehen das „Ich" und das Bewusstsein (Aspelin & Persson, 2015). Kinder spiegeln sich in ihren sprachlichen Vorbildern und werden schnell geschickt darin, deren Ausdrücke zu lesen. Auch wenn sie die Wörter noch nicht verstehen, interpretieren sie Körpersprache, Mimik und Stimmlage. Indem sie diese Teile der Kommunikation lesen, begreifen sie viel. Die gesamte Kommunikation besteht aus verbalen und nonverbalen Kommunikationskanälen. Wir sprechen mit Worten, aber auch mit unserer Stimme und mit unserem Körper (Einarsson, 2004). Wenn jemand doppelte Botschaften sendet, zum Beispiel indem er mit wütender Stimme sagt: „Ich bin nicht wütend“, dann misstrauen wir im Allgemeinen den Worten und nicht den Signalen des Körpers. Mit Worten können wir leugnen, verschweigen und lügen, aber nonverbale Signale zu manipulieren, ist viel schwieriger. Viele dieser Signale sind unbewusst, unbeabsichtigt und daher schwer zu kontrollieren, wie beispielsweise Rotwerden bei Verlegenheit, Schwitzen bei Stress und Muskelzuckungen bei Nervosität. Im Allgemeinen schreiben wir also der Körpersprache eine größere Glaubwürdigkeit zu als der verbalen Sprache, obwohl sie größtenteils unbewusst geschieht.

Sprache und Wertvorstellungen

Sowohl Eltern als auch Pädagogen und Freunde in der Kita spielen eine wichtige Rolle bei der Bildung von Wertvorstellungen und Einstellungen. Wertvorstellungen lassen sich als individuelle und persönlich entwickelte Werte beschreiben, die unser Handeln bestimmen. Sie stehen in engem Zusammenhang mit Einstellungen, also der kollektiven Ausrichtung der Wertvorstellungen, die wir zu verschiedenen Themen haben (Smith, 1999). Unsere Einstellungen bringen uns in der Praxis dazu, auf ein bestimmtes Phänomen, beispielsweise eine Gruppe von Menschen, Dinge, Themen oder Ereignisse, in einer bestimmten Weise zu reagieren oder über sie nachzudenken

(Smith, 1999). Einstellungen führen also dazu, dass wir bestimmte Erwartungen gegenüber Menschen und Situationen haben und danach handeln.

In der Rolle des sprachlichen Vorbilds ist es wichtig, sich den Kreislauf zu verdeutlichen, der in Bezug auf Wertvorstellungen, Einstellungen, Gemeinschaft, Kommunikation und Interaktion stattfindet. Die Interaktionen, an denen wir tagtäglich teilnehmen, beeinflussen unsere Wertvorstellungen und Einstellungen. Diese wiederum haben Einfluss auf unsere Kommunikation. Und wie wir kommunizieren, wirkt sich auf die Interaktionen aus, an denen wir teilnehmen. Dieser Kreislauf, der nicht immer leicht zu erkennen ist, findet kontinuierlich statt.

Als sprachliches Vorbild sollten Sie sich also Folgendes bewusst machen: Ihre Wertvorstellungen und Einstellungen beeinflussen die Art und Weise, wie Sie kommunizieren. Ihre Art zu sprechen hängt unbewusst davon ab, mit wem Sie sprechen. Ein klassisches Beispiel dafür ist, dass wir Jungen und Mädchen auf unterschiedliche Weise ansprechen, denn Erwachsene (selbst Fachkräfte in der Kita und der Schule) neigen dazu, mit Mädchen sanfter, mit einer höheren Stimme und „kindlicher" zu sprechen. Diese Art zu reden ähnelt eher Gesprächen mit kleinen Kindern, während wir Jungen häufiger mit einem dunkleren Tonfall, mehr Befehlen und einer „erwachseneren" Ansprache begegnen. Es kommt auch vor, dass Menschen mit einer sichtbaren Behinderung, zum Beispiel Rollstuhlfahrer, oder auch kranke und ältere Menschen, häufiger als andere mit der gleichen Art von „kindlicher" Kommunikation, die auch Mädchen erleben, konfrontiert sind. Ein weiteres Beispiel: Dialekte, ein Akzent oder Sprachschwierigkeiten lösen Vorurteile aus, die sich auf die Kommunikation auswirken können (Einarsson, 2004).

Gesprächsklima und sprachliche Diskurse beeinflussen das Kind

Die täglichen Gespräche, an denen ein Kind teilnimmt, tragen vom ersten Lebenstag dazu bei, dass es sich seiner selbst bewusst wird und sich und die Welt versteht. Diese Gespräche bilden und tragen zum Gesprächsklima und den sprachlichen Diskursen, die das Kind umgeben, bei. Das Konzept des Sprachdiskurses (manchmal „Gesprächsdiskurs") stammt aus der Semantik und Sprachsoziologie. Es gibt verschiedene Definitionen des Begriffs „Diskurs". Kurz gesagt handelt es sich um eine bestimmte Art und Weise, über die Welt zu sprechen und sie zu verstehen. Diskurse können beispielsweise juristisch, religiös, politisch oder demokratisch sein. Alle sprachlichen Äußerungen stehen für ein Verständnis der Welt und repräsentieren die Konzepte, die ein Individuum besitzt. Hinter sprachlichen Äußerungen stehen jedoch auch Absichten, die zu deuten sind. Erzieherinnen in der Kita spielen eine entscheidende Rolle, wenn es darum geht, diskursive Kontexte zu arrangieren, die den Normen und Werten entsprechen, die von der Kita vermittelt werden sollen. Ausgehend von diesen diskursiven Zusammenhängen lernen Kinder Sprechen.

Indem wir Kindern zuhören, erfahren wir, welche diskursiven Kontexte wir erschaffen haben. Unsere Aufgabe ist es, die Aussagen der Kinder in einen Kontext zu stellen und auf diese Weise zu verstehen, wo wir bei der weiteren Entwicklung ansetzen können. Welche sprachlichen Diskurse bringen ein Kind dazu zu sagen: „Matts wollte den Pinsel haben, aber er kam nicht dran, also habe ich ihm geholfen"? Und was sind das für sprachliche Diskurse, die ein Kind sagen lassen: „Ich kann schlecht zeichnen, ich kann keine Pferde zeichnen"? Die Aussagen eines Kindes basieren auf den Gesprächen und sprachlichen Diskursen, denen es im Laufe seines Lebens ausgesetzt ist.

Peter Johnston schreibt in seinem Buch *Väl valda ord* Folgendes über Pädagogen:

> *Sprache ist das wichtigste Werkzeug in ihrem Beruf. Mithilfe der Sprache greift der Lehrer in die Aktivitäten und Erfahrungen der Kinder ein und hilft ihnen, ihr Lernen, ihr Lesen und Schreiben, ihre Existenz und ihr Selbst zu interpretieren.*
>
> *(JOHNSTON, 2012)*

Pädagoge und Erzieherin zu sein ist eine vielschichtige Rolle. Grundlegende Aufgabe der pädagogischen Fachkräfte ist es, eine Lernumgebung zu schaffen, die anregend und sicher genug ist, damit sich Kinder intellektuell und emotional entwickeln, Werkzeuge zur Lösung von Problemen erhalten und sich als kooperative und demokratische Menschen wahrnehmen. Der sprachliche Auftrag der Kita besteht darin, den Kindern eine umfangreiche Sprache zu vermitteln und ihnen Lesen und Schreiben beizubringen. Dazu gehört jedoch auch das Schaffen von Gesprächsdiskursen, die es ihnen ermöglichen, mehr zu werden, als sie sind. Indem Erzieherinnen interpretieren, was die Kinder sagen und tun, ein Verständnis dafür entwickeln und den Kindern Sinn vermitteln, können sie ihre Absichten erkennen und ihnen mögliche Welten, Positionen und Identitäten vorschlagen. In ihrem Buch *The peaceable classroom* schreibt Mary Rose O'Reilley: „Die große Frage, die man sich stellen muss, lautet, ob es möglich ist, Englisch zu lehren, sodass die Menschen aufhören, sich gegenseitig umzubringen?" Die Antwort gebe ich hier nicht, aber es ist zweifellos eine Bereicherung für die eigene Arbeit, wenn man seine Rolle als sprachliches Vorbild aus einem größeren Blickwinkel betrachtet. Die Kinder, die Sie heute treffen, sind die Menschen, die morgen die Welt verändern.

Kommunikation im Alltag

Alltagsgespräche – sowohl zu Hause als auch in der Kita – sind also für Kinder wichtig. Literatur und Forschung haben sich in den vergangenen Jahrzehnten auf pädagogisch kontrollierte Situationen wie Projektarbeiten als Lernsituation in der Kita konzentriert. Doch die Alltagsgespräche in der Kita spielen eine große Rolle für den Lernfortschritt der Kinder (Gjems, 2013). Ein großer Teil des Tages dreht sich um Routinesituationen wie An- und Ausziehen, Toilettenbesuche, Essen und mehr. Ein weiterer großer Teil besteht aus freiem Spiel, Kreativsein, Basteln oder Konstruktionsspielen. Während all dieser Aktivitäten werden Gespräche geführt. Daher ist es wichtig zu sehen, welches Lernpotenzial vorhanden ist, um diese Situationen zu nutzen und die Kinder mit qualitativ hochwertigem sprachlichen Input zu versorgen.

Sind sich Kita-Fachkräfte der Bedeutung dieser Gespräche bewusst? Liv Gjems schreibt in ihrem Buch *Barn samtalar sig till kunskap:*

> *Die Kita ist ein sehr wichtiger Bereich für das Erlernen von Sprache, da die Erwachsenen selten mit nur jeweils einem Kind sprechen. Es gibt immer Kinder, die zuhören, wenn ein Erwachsener Umgang mit anderen Kindern hat und mit ihnen spricht. Auch als Zuhörer sammeln Kinder Erfahrungen, die sie später in Gesprächen mit Erwachsenen nutzen, und sie imitieren häufig die Gesprächspraxis älterer Kinder und deren Art, mit anderen umzugehen. In der Kita verstärkt sich die Bedeutung der Gesprächspraxis von Erwachsenen, da es immer einige Kinder gibt, die zuhören, wie Erwachsene mit anderen sprechen ...*

(GJEMS, 2013)

Die organisierten Aktivitäten in der Kita sind natürlich wichtig. Sie vermitteln Inspiration und geben Kindern die Möglichkeit, ihre Umgebung zu erkunden, Fakten zu sammeln und Verständnis zu erlangen. Zudem bieten sie ihnen Strategien für das Annehmen verschiedener Aufgaben. Doch in all diesen Situationen findet Konversation statt. Ihr sollte also eine ebenso große, wenn nicht noch größere Bedeutung beigemessen werden wie dem Lernfortschritt. Kinder lernen sowohl daraus, was gesagt wird, als auch daraus, wie etwas gesagt wird. Die erwachsenen sprachlichen Vorbilder sind wie Ringe an der Wasseroberfläche, die sich ausbreiten und sich auf jegliches Miteinander erstrecken, an dem die Kinder während ihres Lebens teilnehmen. So, wie wir uns verhalten, so verhalten sich auch die Kinder.

Bei der Arbeit mit Gruppen braucht es Aufmerksamkeit dafür, welche Kinder wie viel sprachlichen Raum einnehmen und erhalten. In jedem Gespräch findet ein Tauziehen darum statt, wer den Sprechraum einnimmt. Viel Sprechraum zu bekommen bedeutet Status und Macht. Seine Meinung aussprechen zu können signalisiert, dass man wertvoll und des Zuhörens würdig ist. In der Interaktion und Konversation besteht also ein Kräfteverhältnis, bei dem der eine Gesprächsteilnehmer mehr Raum bekommt als der andere, und bei dem den Worten des einen Gesprächspartners mehr Bedeutung als denen des anderen zugeschrieben wird. Diejenigen, die finden, etwas Wichtiges zu sagen zu haben, können es nicht sagen oder werden nicht angehört, sofern der andere es nicht für sinnvoll hält, zuzuhören (Fast, 2011).

Wenn wir die Sprache erlernen, lernen wir auch ihre Umstände kennen, das heißt, ob das, was wir zu sagen haben, und die Art und Weise, wie wir es ausdrücken, akzeptiert werden oder nicht. Manche Kinder kommen mit einem angemessenen sprachlichen Repertoire in die Kita. Die Erziehungsberechtigten haben möglicherweise ähnlich mit dem Kind gesprochen wie die Erzieherinnen. Sie haben Begriffe benannt und erklärt und die gleiche Art von Büchern gelesen, die in der Kita gelesen werden. Andere Kinder kommen mit deutlich weniger sprachlichem Gepäck in die Kita. Sie sind es vielleicht nicht gewohnt, dass man ihnen zuhört, ihnen wurde möglicherweise nie vorgelesen, oder es fehlt ihnen eine Sprache zum Spielen. Als sprachliche Vorbilder sind die Pädagogen in der Kita dafür verantwortlich, die Sprache und den Sprechraum aller Kinder gleichermaßen wertzuschätzen. Heute wissen wir viel darüber, wie sich das Gehirn Sprache aneignet. Der Mensch ist anderen Arten überlegen, wenn es darum geht, Fähigkeiten und Wissen zu verbreiten, zu bewahren und zu entwickeln. Das Sprachvermögen ist ein entscheidendes Instrument zur Vermittlung, zum Lehren und zum Erinnern dieser Fähigkeiten und dieses Wissens.

> *Ein wichtiger Unterschied zwischen Menschen und anderen Tieren besteht darin, dass Menschen durch ihre Ausbildung und ihre Fähigkeit zur Nachahmung ihr Wissen über Generationen hinweg effektiver bewahren und erweitern können. Das Wissen des Menschen ist daher in viel höherem Maße sozial als bei anderen Arten.*
>
> *(GÄRDENFORS, 2010)*

Einige Fähigkeiten und Kenntnisse können durch gemeinsame Erlebnisse, bei denen Personen sich gegenseitig etwas zeigen, geteilt werden. Doch für Wissen, das sich nicht durch Erlebnisse zeigen oder teilen lässt, ist Sprache entscheidend. Sie ist auch zum wichtigsten Instrument in der formalen Bildung geworden.

Unsere Erlebnisse formen unsere Sprache

Auch wenn es darum geht, die Welt um uns herum zu organisieren, spielt Sprache eine entscheidende Rolle. Begriffe sind teilweise von individuellen Erfahrungen geprägt. Ein kleines Kind lernt, was ein Hund ist, indem es auf eine Reihe verschiedener Hunde trifft und dadurch bestimmte Merkmale erkennt, die den Hunden gemeinsam sind, obwohl sie sehr unterschiedlich aussehen. Solche Eigenschaften können sein, dass Hunde vier Beine haben, dass sie eine Schnauze haben, dass sie mit dem Schwanz wedeln und dass sie häufig an der Leine gehen, zahm sind und sich in der Gesellschaft von Menschen befinden. Letztere Merkmale helfen dem Kind dabei, Hunde von Katzen, aber auch von Wölfen und Füchsen zu unterscheiden.

Die Konzepte werden mit Mustern von Eigenschaften verknüpft. Abhängig von individuellen Erfahrungen assoziieren wir verschiedene Bilder und Muster mit den Konzepten. Wenn jemand Sie darum bittet, an einen Wald zu denken, sehen Sie eine bestimmte Art von Wald vor Ihrem inneren Auge. Die Wälder, die Sie in Ihrem Leben kennengelernt haben, beeinflussen stark, wie der Wald in Ihrer Vorstellung aussieht.

Die Bilder werden wahrscheinlich unterschiedlich sein, abhängig davon, ob Sie aus Nord- oder Süddeutschland kommen oder ob Sie in einem anderen Land gelebt haben, in dem Wälder völlig anders aussehen als hierzulande. Doch auch kulturelle und kollektive Wahrnehmungen beeinflussen unsere Konzepte. In Deutschland sehen wir den Hund in erster Linie als Haustier, das in der Gesellschaft eine vorwiegend positive Stellung genießt. In einigen anderen Ländern wird der Hund hingegen als wildes, schmutziges Tier, manchmal auch als Nahrung für Menschen angesehen. Die Kommunikation zwischen Menschen, Gruppen und Gesellschaften sowie die Medien verstärken solche Muster. Soziale Normen und Vorstellungen über Geschlechter sind weitere Faktoren, die unsere kollektiven Konzepte beeinflussen. Das Wort „Krankenschwester" markiert sogar direkt im Wort, dass es sich um eine Frau handelt, und berücksichtigt nicht die vielen Männer, die als Krankenpfleger arbeiten.

Konzepte sind also sowohl individuell als auch kollektiv geprägt und bestimmen unser Denken als Individuum und als Kollektiv (Gärdenfors, 2010). Die Kita bietet viele gemeinsame Erfahrungen, die in Worte gefasst werden. Die Kinder bilden sowohl einzeln als auch gemeinsam Begriffe aus, die auf solchen Erfahrungen basieren. Das sprachliche Vorbild in der Kita ist somit an der Gestaltung der kollektiven Konzepte und Muster beteiligt, die das Denken von Kindern bestimmen.

Lebenslanges Lernen und die Schlüsselkompetenzen der EU

Die Bedeutung von Sprache scheint in keiner Weise abzunehmen. Stattdessen sieht es so aus, als würde die Zukunft noch größere sprachliche Kompetenzen von unseren Kindern erfordern als irgendeine andere Phase der bisherigen Geschichte. Alle sind vom Wandel betroffen, der die moderne Gesellschaft mit ihrer großen Informationsflut, ihren fortwährenden technologischen Erneuerungen, ihren Veränderungen auf dem Arbeitsmarkt und den ethischen Dilemmata, die sich aus dem Wandel ergeben, kennzeichnet. Diese Situation macht Flexibilität und lebenslanges Lernen notwendig. Im Jahr 2006 legte die EU acht Schlüsselkompetenzen für lebenslanges Lernen fest (https://ec.europa.eu/education). Dazu gehören Kenntnisse, die in einer wissensbasierten Gesellschaft von jedem Menschen benötigt werden. Die acht Schlüsselkompetenzen sind: Kommunikation in der Muttersprache, Kommunikation in Fremdsprachen, mathematische Kenntnisse und grundlegende wissenschaftliche und technische Kompetenz, digitale Kompetenz, Lernkompetenz, soziale und staatsbürgerliche Kompetenz, Eigeninitiative und Unternehmergeist sowie kulturelles Bewusstsein und Ausdrucksformen.

Die beiden ersten Kompetenzen sind selbstverständlich sprachliche Fähigkeiten, doch die meisten Fachkräfte, die in der Kita und der Schule arbeiten, wissen, dass ein Verständnis mathematischer Konzepte entscheidend ist, um in der Mathematik erfolgreich zu sein. Das gilt auch für die digitale Kompetenz, die hier unter anderem durch die Fähigkeit zum Sammeln, Verstehen und Verarbeiten von Informationen, zur Textverarbeitung und zum Produzieren von Informationen definiert wird. Um Lernkompetenz zu erlangen, sind gute Lese- und Schreibfähigkeiten erforderlich. Soziale und staatsbürgerliche Kompetenz setzt konstruktive Kommunikation voraus sowie die Fähigkeit, unterschiedliche Meinungen ausdrücken und verstehen zu können. Eigeninitiative und Unternehmergeist werden als Fähigkeit zur Analyse, Kommunikation, Berichterstattung, Bewertung, Dokumentation, effektiven Repräsentation und Verhandlung beschrieben. Kulturelles Bewusstsein und kulturelle Ausdrucksformen werden in Bezug auf das Verständnis der kulturellen und sprachlichen Vielfalt in Europa und anderen Regionen der Welt beschrieben.

Es wird deutlich, dass die acht Schlüsselkompetenzen auf funktionierenden Sprach-, Lese- und Schreibfähigkeiten basieren. Die Rolle der Sprache bei allen pädagogischen Aktivitäten kann nicht genug betont werden. Vor diesem Hintergrund nimmt die Erzieherin eine besonders wichtige Position als sprachliches Vorbild des Kindes ein.

Kapitel 1

DIE GESELLSCHAFT VERÄNDERT DIE SPRACHE – DIE SPRACHE VERÄNDERT DIE GESELLSCHAFT

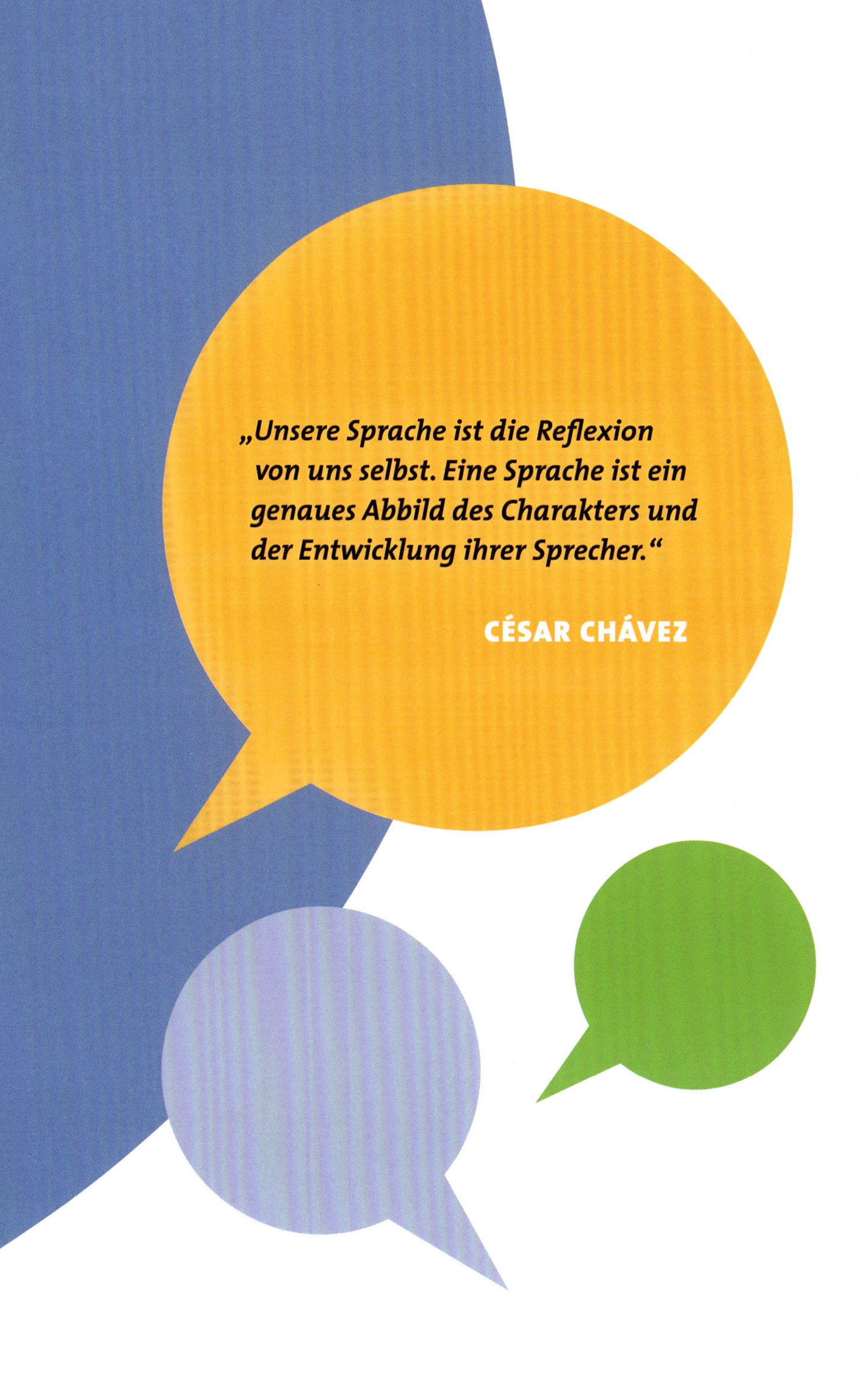
„Unsere Sprache ist die Reflexion von uns selbst. Eine Sprache ist ein genaues Abbild des Charakters und der Entwicklung ihrer Sprecher.“
CÉSAR CHÁVEZ

Die Interaktion zwischen dem Kind und seinem Umfeld

Kein Mensch wird mit einem festen Satz an Eigenschaften und Fähigkeiten geboren. Sie entwickeln sich in der Interaktion zwischen dem Kind und seinem Umfeld. Das bedeutet, dass Kinder von dem Umfeld geprägt sind, in dem sie aufwachsen. Es kann sich stark unterscheiden, zum Beispiel je nach Familie, Kultur, sozialer Schicht und Ort. Ein Umfeld kann durch verschiedene Merkmale gekennzeichnet sein und beispielsweise kommunikativ oder schweigsam, respektvoll oder gewalttätig, individualistisch oder kooperativ sein.

Erwachsene, Erziehungsberechtigte und Fachkräfte, die mit Kindern arbeiten, müssen sich fragen: Wie soll die intellektuelle Existenz aussehen, die Kinder umgibt?

„Kinder wachsen in die intellektuelle Existenz hinein, von der sie umgeben sind."
LEV VYGOTSKY

Was sollte uns und die Kommunikation, auf die ein Kind trifft, charakterisieren? Was sind die Schlüsselwörter bei unserem Umgang mit dem Kind? Gibt es Eigenschaften, die für uns besonders erstrebenswert sind? Womit wollen wir Kinder während ihres Heranwachsens auf gar keinen Fall prägen? Wir können nicht alles vollständig kontrollieren, aber vieles können wir beeinflussen.

Der schwedische Bildungsplan für Kinder im Vorschulalter betont die Wichtigkeit unserer Vorbildfunktion:

> *Das Verhalten aller, die mit Kindern im Vorschulalter arbeiten, und ihre Art zu handeln und über etwas zu sprechen, beeinflusst das Verständnis und den Respekt der Kinder für die Rechte und Pflichten, die in einer demokratischen Gesellschaft gelten. Deshalb sind alle, die in der Kita arbeiten, als Vorbilder wichtig.*
>
> *(LPFÖ 18, S. 6)*

Sie als pädagogische Fachkraft sind eines der wichtigsten sprachlichen Vorbilder, denen die Kinder fast täglich begegnen. Deshalb ist es so wichtig, dass Sie einen großen Wortschatz verwenden und sich nuanciert ausdrücken. Indem Sie auf Ihre eigene Kommunikation achten und darüber nachdenken, entwickeln Sie sich als Gesprächspartner und Sprachentwickler.

Doch die Argumentation geht noch tiefer. Durch Ihre Art zu sein und zu kommunizieren beeinflussen Sie die Interaktion und Sprache des Kindes, aber auch seine Wertvorstellungen und sein Selbstbild. Ihr Verhalten und Ihre Kommunikation sind wie ein Spiegel, in dem sich das Kind betrachten kann. Im Laufe Ihres Lebens sind Sie sicherlich schon häufig Menschen begegnet, die Sie wachsen ließen. Aber Sie haben auch Personen getroffen, durch die Sie sich unsicher, unsichtbar oder sogar inkompetent fühlten. Warum haben Sie das eine oder das andere erlebt? Die Wahrscheinlichkeit ist hoch, dass es etwas damit zu tun hat, wie die Person Ihnen begegnet ist und mit Ihnen kommuniziert hat.

Für Erzieherinnen ist es wichtig, viele Werkzeuge und Strategien zu entwickeln, die sie in ihrer beruflichen Rolle einsetzen können – insbesondere wenn es darum geht, mündlich und schriftlich mit der

Sprache von Kindern zu arbeiten. Solche Instrumente können darauf abzielen, Kindern eine umfangreiche Sprache und eine gute Interaktionsfähigkeit zu vermitteln, aber auch Werte, eine gesunde Einstellung gegenüber anderen Menschen und ein starkes, positives Selbstbild.

Das Potenzial der Sprachentwicklung von Kindern ist davon abhängig, wie und wie viel wir Erwachsenen täglich mit ihnen sprechen. Doch Quantität ist nicht alles, denn wir beeinflussen Kinder auch durch die Art und Weise, wie wir mit ihnen reden. Hören wir ihnen zu, bekräftigen und unterstützen wir sie? Oder ignorieren wir, was die Kinder sagen, weisen sie zurück oder machen uns über sie lustig? Reden wir über ihre Köpfe hinweg, oder ermahnen und schelten wir sie?

Durch Sprache, Kommunikation und Verhalten greifen wir jeden Tag in das Leben der Kinder ein. Das vielleicht deutlichste Beispiel besteht darin, dass wir in Worte fassen, was die Kinder erleben. Wir interpretieren das, was passiert, und die Reaktionen der Kinder, aber manchmal bewerten wir ihre Handlungen auch. In einer Kindergruppe verwenden die Erzieherin und die Spielgefährten Sprache, um die Handlungen des Kindes zu interpretieren und zu bewerten, was zur Selbstwahrnehmung des Kindes beiträgt. Kinder nehmen sich selbst in unterschiedlicher Weise wahr, und das vermittelte Selbstbild kann sowohl positiv als auch negativ sein. Das, was die anderen zu mir sagen, und das, was sie über mich sagen, beeinflusst das Bild, das ich von mir selbst bekomme. Aber auch, wie sie es sagen. Ihr Verhalten beeinflusst also, wie ich mich mir selbst gegenüber verhalte. Wer bin ich, und wer kann ich in den Augen der anderen sein?

Die Macht der Sprache

Sprache und Kommunikation sind Werkzeuge zum Denken, zum Markieren von Nähe und Distanz, zum Zusammensein, zum Informationsaustausch, zur Ausübung von Macht und vieles mehr. In unserem Alltag erfüllt Sprache viele verschiedene Funktionen. Sprache und Kommunikation helfen Menschen auch, sich im Verhältnis zueinander zu positionieren. Wer sich gut ausdrücken kann, bekommt Gehör für seine Gedanken, Gefühle und Ideen. Wer Sprache gut versteht, kann viele Informationen aufnehmen und mehr von der Welt verstehen als jemand, der Sprache weniger gut beherrscht.

Basierend auf unserer Art zu sprechen und zu kommunizieren beurteilen wir uns gegenseitig unbewusst und positionieren uns zueinander. In Gruppen weisen wir einigen Personen einen hohen Status zu, anderen nicht. Einigen hören wir zu, anderen in geringerem Maße oder gar nicht. Mit anderen Worten: Sprache ist Macht, und Erwachsene haben immer einen Machtvorteil gegenüber Kindern, wenn es um Sprache geht.

Wie wir miteinander kommunizieren, führt zu dem, was wir Gesprächsklima nennen. Es besteht aus Regeln, Gewohnheiten und Einstellungen, wie wir miteinander sprechen und einander zuhören. Das Gesprächsklima ist nichts Konstantes, sondern es entsteht jeden Tag und bei jeder Begegnung neu. Es ist niemals in Stein gemeißelt, weil es ständig neu erschaffen und verändert wird. Jedes Zusammentreffen und jedes Gespräch zählen. Wenn Sie für ein gutes Gesprächsklima sorgen wollen, sollten Sie bei sich selbst beginnen. Wie trage ich zum Gesprächsklima bei, und was kann ich an meinem eigenen Verhalten verbessern? Was kann ich den Kindern durch meine Kommunikation und mein Handeln zeigen? Und worüber müssen wir sprechen, damit jeder verstehen kann, was unser Ziel ist?

Für die meisten Menschen ist offensichtlich, dass Sprache beschreibende Eigenschaften hat und dass wir Bilder erschaffen, indem wir die Welt und einander beschreiben. Diese Beschreibungen können für unsere Arbeit, unseren Partner, das Land, in dem wir leben, die Jahreszeit oder die politische Führung unseres Wohnorts gelten. Kinder beschreiben ihre Erzieherin, den Hof der Kita, ihre Freunde.

Doch Sprache ist nicht nur beschreibend, sie hat auch festsetzende und bewahrende Eigenschaften. Das bedeutet, dass die Beschreibungen, die wir von der Welt und voneinander anfertigen, sich tendenziell festigen und zu Wahrheiten werden, die wir selten infrage stellen. Durch unsere Kommunikation und unsere Sprache erschaffen wir solche Wahrheiten.

Da wir Erwachsenen Kindern gegenüber sprachlich im Vorteil sind, besteht die Gefahr, dass unsere Beschreibungen in den Gesprächen mit Kindern dominieren. Vor diesem Hintergrund ist es wichtig, dass wir unsere Kommunikation als das Machtmittel, das sie darstellt, betrachten und dass wir vorsichtig damit sind, wie wir die Welt und die Menschen beschreiben. Unsere Bilder entwickeln sich schließlich zu den selten infrage gestellten Wahrheiten der Kinder.
Mithilfe von Sprache gestalten wir Erwachsenen die Geschichten über die Welt und über die Kinder selbst. Wir sind die Erzähler in ihrem Leben. Wie wir kommunizieren, wirkt sich auf lange Sicht auf ihre Wertvorstellungen und ihr Selbstbild aus.

Handlungsfähigkeit und das Selbstbild des Kindes

In der Soziologie und Psychologie gibt es verschiedene Theorien, die einen Menschen als passiv oder aktiv einstufen. Passiv kategorisierte Personen sind Objekte, die auf äußere Kräfte reagieren und als

Patiens bezeichnet werden. Aktiv kategorisierte Personen steuern selbst ihr Verhalten, anstatt nur passiv zu reagieren. Sie werden Agenzien genannt. Die meisten von uns würden die Menschen wahrscheinlich als „sowohl als auch" beschreiben, je nach Situation, Befinden, Zeitpunkt und anderen Faktoren um uns herum. Unsere Erfahrungen, unser Wissen, wo wir gerade im Leben stehen und wie wir uns fühlen sind Faktoren, die beeinflussen, wie aktiv oder passiv wir uns in einer Situation verhalten. Erfahrungen sind ein besonders wichtiger Faktor, da wir dazu neigen, auf die gleiche Weise zu handeln wie zuvor und auf Erfahrungen zurückzugreifen, die wir gemacht haben. Deshalb ist es wichtig, auch bei allen Aktivitäten in der Kita über das Konzept der Handlungsfähigkeit nachzudenken. Handlungsfähigkeit ist das Gefühl, seine Ziele durch Handeln und insbesondere durch strategisches Handeln erreichen zu können (Johnston, 2012).

Es gibt Faktoren, die die Handlungsfähigkeit der Kinder, ihre Fähigkeit, ihre Situation zu beeinflussen und die Kontrolle über ihr Leben zu haben, unterstützen. Manche Lehrer sind geschickt darin, bei Kindern ein Gefühl der Handlungsfähigkeit aufzubauen. Es gibt jedoch auch Faktoren, die diese Fähigkeit verringern und Passivität, Ohnmacht und Misstrauen den eigenen Fähigkeiten gegenüber erzeugen.

Die Arbeit mit der Handlungsfähigkeit von Kindern beinhaltet im Alltag, dass wir an das kompetente Kind und an die Beteiligung der Kinder glauben. Aus einer längerfristigen und philosophischen Perspektive betrachtet beinhaltet sie den Glauben an die Verantwortung des Menschen für sein eigenes Handeln und die Steuerung seines Lebensschicksals. Der Mensch verfügt über die Fähigkeit, sein Leben zu beeinflussen, und diese Fähigkeit wird wiederum durch die Fähigkeit beeinflusst, über sein eigenes Handeln nachzudenken. Sogar ein kleines Kind kann die Situation, in der es sich befindet, analysieren und überlegen, welche Optionen es hat, um sein Ziel zu erreichen. Um die Fähigkeit zu entwickeln, über unser Handeln nachzudenken, müssen wir uns die Konsequenzen verschiedener Handlungen vorstellen können. Schaffen wir das nicht, wird es schwierig, die Ziele zu erreichen, die wir uns vornehmen. Sobald wir uns die Konsequenzen verschiedener Handlungen vorgestellt haben, treffen wir Entscheidungen darüber, wie wir weiter vorgehen wollen. In jeder Situation gibt es eine Reihe von Optionen, die dazu dienen, Handlungsalternativen aktiv auszuwählen oder auszuschließen. Es ist eine einzigartige Eigenschaft von uns Menschen, dass wir uns eine größere Anzahl von Zukunftsszenarien vorstellen, als tatsächlich realisierbar sind. Diese Fähigkeit ermöglicht es uns, ein Szenario zu realisieren und den Weg dorthin zu überdenken, sobald das Ziel aktualisiert wird. Wir können unsere Entscheidungen also überdenken, wenn neue Informationen hinzukommen, unabhängig von anderen und von unserem Umfeld.

Die Entwicklung von Handlungsfähigkeit

Was ist notwendig, um eine starke Handlungsfähigkeit bei den Kindern aufzubauen? Die Erfahrungen, die Kinder in sich tragen, haben einen starken Einfluss, genau wie die Behandlung durch Erwachsene, die Statusverhältnisse, kulturelle Faktoren und vertraute Muster. Als Erzieherin haben Sie eine großartige Gelegenheit zu beeinflussen, dass Kinder eine starke Handlungsfähigkeit entwickeln – etwa durch die Art und Weise, wie Sie Feedback vermitteln, wie Sie über die Welt denken oder wie Sie mit den Kindern sprechen. Der wesentliche Punkt ist: Kinder, denen zugehört wird, sind von Bedeutung. Von Kindern, denen die Möglichkeit gegeben wird, sich auszudrücken, wird auch erwartet, dass sie Gedanken und Meinungen haben, die zur Gemeinschaft und Aktivität der Gruppe beitragen. Kinder, deren Gedanken gehört werden, verstehen, dass sie die Welt beeinflussen können. Betrachten Sie die folgenden Formulierungen:

„Wie bist du darauf gekommen?"
„Ich habe gesehen, dass du mit dieser Aufgabe zu kämpfen hattest, aber ich finde es wirklich toll, wie du dich anstrengst und dass du es auf verschiedene Arten versuchst."
„Du kannst wirklich stolz auf dich sein!"
„Auf welche Probleme bist du heute gestoßen?"
„Ich sehe, dass du die ganze Aufgabe bearbeitet hast, gut gemacht. Aber jetzt bin ich neugierig, ob du bei der Aufgabe etwas gefunden hast, das richtig kniffelig und schwierig war. Gab es etwas, bei dem du ein bisschen mehr nachdenken musstest? Gab es eine Frage, die dich vor eine Herausforderung gestellt hat?"

Alle oben genannten Sätze signalisieren nachdrücklich, dass das Kind aktiv ist, hart arbeitet, lernt, bewusste und durchdachte Strategien hat, die es wert sind, geteilt zu werden, und dass es völlig normal ist, im Alltag auf verschiedene Probleme zu stoßen. Probleme sind ein natürlicher Bestandteil des Lernens und können überwunden werden. Sätze, die das Gegenteil signalisieren, sind beispielsweise:

„Oh, oh, jetzt haben wir ein Problem. Was machen wir jetzt?"
„Das ist zu schwierig, es ist unmöglich. Das lassen wir weg."
„Es ist typisch für dich, die ganze Zeit zu trödeln. Du musst dich konzentrieren!"
„Jetzt kommt ihr schon wieder zu spät!"

Diese Sätze vermitteln eine direkte verbale Botschaft. Aber sie enthalten auch einige implizite Nachrichten. Hilflosigkeit, dass Probleme vermieden werden sollten, dass es besser ist aufzugeben, wenn etwas schwierig ist, dass ein Kind nicht sein Bestes gibt oder dass es sich immer in einer bestimmten Weise verhält usw.

Warum wollen wir, dass Kinder ein starkes Gefühl von Handlungsfähigkeit entwickeln? Weil es ein großer Gewinn ist, wenn Kinder erleben, dass sie andere beeinflussen können, dass ihre Gedanken und Gefühle es wert sind, gehört zu werden, und dass ihre Handlungen zählen. Dann sind sie motiviert, sich anzustrengen und ihr Leben und die Welt um sie herum zu beeinflussen. Wer seine eigenen Entscheidungen trifft und sein Leben beeinflussen kann, wird zu einem stärkeren Individuum und kann ausgehend von seiner eigenen Moral und seinem eigenen Willen leben. Kinder mit einem starken Gefühl von Handlungsfähigkeit glauben im Allgemeinen viel stärker an ihre Fähigkeiten als Kinder mit einem schwachen Gefühl von Handlungsfähigkeit. Das führt dazu, dass diese Kinder häufig härter arbeiten, weil sie wissen, dass es sich lohnt. Kinder mit einem starken Gefühl von Handlungsfähigkeit können sich selbst dann zum Kämpfen motivieren, wenn etwas schwierig ist, weil sie wissen, dass sie selbst entscheiden, wie große Fortschritte sie machen werden. Sie wissen, dass Übung zu Ergebnissen führt, und sie geben nicht so leicht auf, wenn sie auf Probleme stoßen.

Kinder mit einem starken Gefühl von Handlungsfähigkeit sind häufig gut darin, sich höhere Ziele zu setzen. Das wagen nur diejenigen, die erfahren haben, dass ihr eigener Einsatz eine Rolle spielt und zu positiven Ergebnissen führt. Hat man das Gefühl, dass es keine Rolle spielt, wie man kämpft, übt oder Aufgaben übernimmt, lohnt es sich auch nicht, es zu versuchen. Ein starkes Gefühl von Handlungsfähigkeit kann also dazu führen, dass Kinder ihre Fähigkeiten entwickeln, weil sie über Strategien verfügen, um zum Ziel zu gelangen. Handlungsfähigkeit ist daher stark verbunden mit Tatkraft, Vertrauen in die Zukunft und der Macht, die eigene Situation zu beeinflussen. In der Kita findet die erste Ausbildung der Kinder statt, und selbstverständlich sollte sie ihnen ein positives Bild der Zukunft vermitteln. Sie soll jedoch auch dazu beitragen, dass Kinder eine positive Zukunft erschaffen können. Aus diesem Grund sind das Vertrauen in die Zukunft, die Handlungsfähigkeit und die Macht, die eigene Situation zu beeinflussen, besonders wichtig.

Statische und dynamische Denkweise

Es gibt noch eine andere Möglichkeit, Handlungsfähigkeit und die Art und Weise, wie sich Selbstwahrnehmung und Selbstbild auf das Leben des Einzelnen auswirken, zu beschreiben: als statisches und dynamisches Mindset. Die Psychologie-Professorin und Autorin Carol Dweck hat diese Begriffe geprägt.

Mit einer statischen Denkweise glaubt man, dass seine Eigenschaften in Stein gemeißelt und schwer zu verändern sind. Mit einer dynamischen Denkweise weiß man, dass die Fähigkeiten, über die man heute verfügt, dadurch trainiert und entwickelt werden können, dass man sich anstrengt. Eine statische Denkweise bewahrheitet sich in der Regel: Man gibt sich selbst das Etikett dumm oder schlau, faul oder fleißig, langweilig oder lustig. Und da man ja so ist, wie man ist, und dies nicht beeinflussen kann, steckt man in seiner eigenen Kategorisierung fest. Ist Ihr Selbstbild, dass Sie schlau sind, werden Sie versuchen, dieses Bild von sich selbst zu schützen. In diesem Fall können Herausforderungen bedrohlich sein: Was ist, wenn jemand bemerkt, dass ich etwas nicht kann oder weiß? – Dann bin ich nicht mehr schlau.

Ihre Denkweise beeinflusst Ihre Lebensweise zutiefst. Entweder neigen Sie dazu, Risiken einzugehen, um sich zu entwickeln, hart zu arbeiten und sich mit Fehlern auseinanderzusetzen. Oder Sie neigen dazu, in Ihrer Komfortzone zu bleiben und Fehlschläge zu vermeiden, weil Sie das Bild von sich selbst als beispielsweise erfolgreich und schlau unbedingt schützen möchten.

Daher ist es so wichtig, Kinder dazu zu bringen, sich Herausforderungen zu suchen und diese als etwas Positives anzusehen. Herausforderungen können Lernerfolge hervorrufen und dazu führen, dass man Neues lernt und schlauer wird. Ebenso wichtig ist es, dass Kinder verstehen, dass es sinnvoll und interessant ist, sowohl ihre Stärken als auch ihre Schwächen zu identifizieren – denn nur so können sie mit ihnen arbeiten. Kinder mit einer dynamischen Denkweise und einem starken Gefühl für Handlungsfähigkeit empfinden ihre eigenen Schwächen nicht als bedrohlich, sondern als Gelegenheit, etwas Neues zu lernen. Sie wissen, dass ihre Schwächen nur ihre Fähigkeiten zeigen, über die sie in diesem Moment verfügen, und nicht abbilden, wie ihre Fähigkeiten aussehen werden, wenn sie geübt und sich angestrengt haben, um sie zu entwickeln.

Kinder, die dagegen an ihrer Kompetenz und Fähigkeit zur Beeinflussung zweifeln, setzen sich niedrige Ziele und wählen in der Regel einfachere Aufgaben. Diese Kinder beginnen häufig, sich selbst als inkompetent und unfähig zu betrachten. Negative Erlebnisse beeinflussen ihr Selbstbild, und es besteht das Risiko, dass sie für sie zur Wahrheit werden. Das kann zu einem geringen Engagement, niedriger Motivation und Passivität führen. Ein geringes Gefühl von Kontrolle und Kompetenz kann das Kind ein Leben lang beeinträchtigen.

Ein schwaches Gefühl von Handlungsfähigkeit begrenzt die Neigung, sich selbst herauszufordern, und schränkt daher auch die Erfolge ein. Handlungsfähigkeit und Denkweise sind somit stark an das

Selbstbild geknüpft. Unsere Gedanken und Vorstellungen über unser Selbst machen unser Selbstbild aus. Bin ich jemand, dem man zuhört? Habe ich gute Ideen und interessante Gedanken? Bin ich jemand, der Dinge lernen kann? Das Selbstbild ist nicht statisch, sondern verändert sich im Laufe des Lebens. Jede Begegnung und jedes Gespräch mit dem Kind zählen. Gute Begegnungen und Gespräche, die das Kind bestätigen und ihm das Gefühl geben, kompetent zu sein, bauen sein Selbstvertrauen auf und schaffen ein positives Selbstbild.

Die Anzahl und Art der Zurechtweisungen, die wir an das Kind richten, spielen eine große Rolle dabei, wie es sich selbst wahrnimmt. Wenn Erwachsene sich dafür entscheiden, ein Kind offen vor anderen zurechtzuweisen, besteht ein großes Risiko, dass das Kind dies als sehr negativ empfindet. Es fühlt sich gekränkt, wenn es ihm an Bewusstsein für die Bedeutung und Konsequenzen des eigenen Handelns fehlt. Für das Kind ist es deutlich einfacher, mit dem Erwachsenen unter vier Augen sprechen zu dürfen. Anstatt ein Kind also zurechtzuweisen, können Sie auch sagen: „Wenn du dich so verhältst, erkenne ich dich nicht wieder“, oder: „Dieses Verhalten sieht dir nicht ähnlich“. Das signalisiert, dass Ihre Erwartungen an das Kind hoch sind und dass es normalerweise eine bewundernswerte Person ist. Zurechtweisungen vor anderen beeinflussen, wie andere mich wahrnehmen. Zurechtweisungen in einer stark konstituierenden Sprache – zum Beispiel: „Musst du denn immer …“, oder: „Das habe ich dir doch schon mehrmals gesagt …“ – tragen zu einem negativen Selbstbild bei.

In der Kita möchten wir ein Umfeld bieten, das kollaborativ, verbal und demokratisch ist. Wie verhalten wir uns täglich bei Begegnungen und in Gesprächen mit den Kindern? Wie verwenden wir Sprache, um ihnen ein starkes Gefühl von Handlungsfähigkeit zu vermitteln? Wie vermitteln wir den Kindern ein positives Selbstbild, sowohl im sozialen Miteinander als auch auf der Ebene des Lernens?

Vermitteln wir ihnen den Eindruck, dass sie Problemverursacher oder dass sie Problemlöser sind?

Entsprechend der soziokulturellen Perspektive lernen Kinder in Beziehungen und Gesprächen mit Erwachsenen sowie mit anderen Kindern. Als Konsequenz daraus müssen wir Erwachsenen die alltäglichen Gespräche mit Kindern auch wirklich nutzen, um ihre Sprachentwicklung und ihr Lernen zu stimulieren und zu fördern. Dafür müssen wir uns in Alltagssituationen selbst überprüfen und analysieren, wie wir mit den Kindern in Dialog treten. Ein normales Gespräch hat mehrere Ebenen. Kinder lernen aus dem, was direkt gesagt wird. Doch vieles kommunizieren wir unterschwellig: mit Blicken, Gesten, Tonfall, der Art, wie wir auf verschiedene Initiativen reagieren, und bei welchen Themen wir signalisieren, dass sie interessant genug sind, um darüber zu sprechen. Kinder hören darauf, was wir sagen und wie wir es sagen, aber sie hören auch, was wir nicht sagen.

Wertvorstellungen, Einstellungen und Verhaltensweisen

Sprache hilft uns, die Welt um uns herum zu organisieren. Mithilfe der Sprache schaffen wir Bedeutung – sie spiegelt die Realität wider. Doch auch unsere Sichtweise auf die Welt wird zu einem gewissen Teil von Sprache bestimmt. Menschen, die viele Wörter für Farben haben, sehen mehr Nuancen als diejenigen, die nur die Grundfarben benennen können.

Sprache hilft uns aber nicht nur, unsere Umgebung zu verstehen und zu kategorisieren. Sie spiegelt auch in hohem Maße unsere Wertvorstellungen wider. Was Menschen kommunizieren, aber auch, wie sie kommunizieren, hilft uns zu verstehen, wer sie sind, welchen Hintergrund, welche Bildung, welche Meinungen und welche Lebenseinstellung sie mitbringen. Indem wir zuhören, wie Menschen in verschiedenen Kontexten und Umgebungen sprechen, erkennen wir ihre Wertvorstellungen. Denken Sie nur daran, wie häufig wir Berufsbezeichnungen verändern: Die Begriffe „Putzfrau“, „Reinigungstechnikerin“ oder „Raumpfleger“ vermitteln ein unterschiedliches Verständnis der Aufgabe und signalisieren verschiedene Wertvorstellungen. Wörter, die als sehr bewertend empfunden werden, können wir verändern, damit sie der Zeit, in der wir leben, besser entsprechen – etwa „an den Rollstuhl gefesselt“ gegenüber „auf den Rollstuhl angewiesen“ oder „Behinderung“ gegenüber „Beeinträchtigung“.

Wertvorstellungen entwickeln sich individuell und persönlich und bestimmen unser Handeln. Sie bestimmen auch die Positionen, die wir gegenüber Menschen und in verschiedenen Situationen einnehmen. Mithilfe von Wertvorstellungen nehmen wir Stellung zu Fragen, zu Richtig und Falsch, Gut und Böse. Bei jeder Begegnung entsteht eine Botschaft, bei jedem Gespräch werden Worte vermittelt. Botschaften und Wörter sind in jedem menschlichen Miteinander mit verschiedenen Wertvorstellungen aufgeladen. Den Großteil unserer Werte haben wir von Menschen „geerbt“, die uns viel bedeutet haben, auch wenn es unbewusst geschehen ist und wir vielleicht glauben, dass diese Wertvorstellungen unsere eigenen seien. Kinder entwickeln ihre Wertvorstellungen in der Interaktion mit der Umwelt und den Menschen, die ihnen wichtig sind. Die Art und Weise, wie wir mit Kindern kommunizieren, wirkt sich somit auf ihr Verständnis der vorherrschenden Bedingungen und Voraussetzungen aus. Dadurch können wir auch ihr Mitgefühl stärken und ihre Fähigkeit, Unterschiede zu akzeptieren.

Im schwedischen Bildungsplan für die Kita wird beschrieben, dass Kinder Verständnis und Mitgefühl entwickeln und ihr Einfühlungsvermögen stärken sollen:

> *Die Kita ist ein sozialer und kultureller Treffpunkt, der das Verständnis der Kinder für den Wert von Vielfalt fördert.*
> *Die Kenntnis unterschiedlicher Lebensbedingungen und Kulturen kann dazu beitragen, die Fähigkeit zu entwickeln, die Voraussetzungen und Wertvorstellungen anderer Menschen zu verstehen und sich in sie hineinzuversetzen.*

(LPFÖ 18, S. 5)

Hinter Einstellungen verbergen sich Wertvorstellungen

Wertvorstellungen sind eng mit Einstellungen verbunden, also der gesammelten Ausrichtung von Wertvorstellungen, die jemand zu verschiedenen Themen hat. Einstellungen führen dazu, dass wir bestimmte Erwartungen gegenüber Menschen und Situationen haben und danach handeln. Sie können auch Vorurteile entstehen lassen.

Das Bewusstsein für unsere Einstellungen und Wertvorstellungen und dafür, dass unser Verhalten von ihnen bestimmt wird, kann variieren. Verhalten und Kommunikation sind für die Umwelt unmittelbar sicht- und hörbar, aber die zugrunde liegenden Einstellungen und Wertvorstellungen sind unsichtbar. Um das Verhalten von Kindern zu verstehen, müssen wir hinter die Kulissen schauen und über die Werte nachdenken, die die Einstellungen des Kindes geprägt haben. Die Sprache, die wir selbst verwenden, spiegelt unsere Wertvorstellungen und Einstellungen wider. Kinder müssen auf eine Sprache treffen, die von demokratischen Werten, Gleichheit, Respekt, Höflichkeit und Rücksichtnahme auf andere Menschen geprägt ist. Es ist niemals Zufall, dass Kinder eine grobe Sprache verwenden oder beleidigend werden. Die Sprache spiegelt die Umgebung wider, in der das Kind Erfahrungen gesammelt hat. Diese Erfahrungen wurden durch den Blick des Umfelds auf Mensch, Tier, Natur, Geschlecht, Gleichheit und Toleranz gegenüber Unterschieden geprägt.

Indem wir mit den sozialen Beziehungen arbeiten und damit, wie wir miteinander umgehen und uns zueinander verhalten, sowie mit der Sprache, die wir untereinander verwenden, schaffen wir für Kinder die Voraussetzung, um sich Wertvorstellungen anzueignen, die mit der demokratischen Gesellschaft vereinbar sind. Umgekehrt ist es natürlich genauso, dass sich alle Arbeit zugunsten von Grundwerten auf unterschiedliche Art und Weise im Sprachgebrauch und in der Kommunikation der Kinder widerspiegelt. Sprache und Wertvorstellungen sind in einem konstanten Kreislauf miteinander verbunden. Wir sehen, dass die Gesellschaft die Sprache verändert. Doch Sprache verändert auch die Gesellschaft.

› Die Abbildung zeigt, wie das Verhalten der Person von außen gesehen wird. Doch hinter dem Verhalten stehen Einstellungen und Wertvorstellungen, die es beeinflussen.

FRAGEN ZUM NACHDENKEN:

- Wie, glauben Sie, würden die Kinder die Einrichtung, in der Sie arbeiten, beschreiben?
- Wie tragen Sie zum Gesprächsklima in Ihrer Einrichtung bei und was können Sie an Ihrem Verhalten verändern, um das Gesprächsklima zu verbessern?
- Wie können wir pädagogischen Fachkräfte mit den Erziehungsberechtigten zusammenarbeiten, um in Bezug auf Selbstbild, Handlungsfähigkeit und Gesprächsklima gute Voraussetzungen für die Kinder zu schaffen?
- In welchen Situationen empfinden Sie sich selbst als proaktiv handelnd, mit einer starken Fähigkeit, Aktionen, Entscheidungen und Ergebnisse zu kontrollieren? In welchen Situationen übernehmen Sie eine eher passive Rolle?

Sprache und Demokratie

Das Bildungssystem muss auf den Grundlagen der Demokratie beruhen. In der Praxis bedeutet das, dass die demokratischen Werte in allen Aktivitäten lebendig und sichtbar sein müssen, sodass Kinder sie verstehen können. Die Erzieherinnen in der Kita wirken und handeln im Einklang mit den demokratischen Werten, aber sie sind auch sprachliche Vorbilder, die sicherstellen, dass die Gespräche in der Kita von den folgenden demokratischen Grundpfeilern geprägt sind:

- Alle Kinder sollten erleben, dass sie eine Stimme und eine Sprache haben, die sie verwenden können. Sie müssen erfahren, dass ihre Gedanken relevant sind und für andere zählen. Für die Demokratie ist es daher von größter Bedeutung, dass allen Kindern eine Stimme und eine Sprache gegeben wird – unabhängig davon, ob es sich um verbale Sprache, Zeichen, Bilder oder eine andere Ausdrucksform handelt.
- Mindestens ebenso wichtig ist, dass die Stimme und die Sprache, über die das Kind verfügt und die es verwendet, gefördert und genutzt werden. Das bedeutet nicht, dass ein Kind immer seinen Willen durchsetzen kann, aber vor einer Entscheidung werden alle Meinungen und Wünsche berücksichtigt. Im demokratischen Kontext darf jeder erfahren, dass seine Stimme zählt und dass alle Gedanken gleichermaßen wertvoll sind.
- Das Kind muss sehen, dass die Demokratie funktioniert. Es muss seinen eigenen und den Beitrag seiner Spielgefährten zu Veränderungen oder zu Beschlussfassungen erkennen.

- Dass Stimmen und Meinungen sich unterscheiden, darf nicht konfliktbeladen oder bedrohlich sein, sondern sollte als Bereicherung der Diskussionen aufgefasst werden, die dadurch interessanter werden.

Schnelligkeit beim Denken und Sprechen ist häufig ein Parameter, anhand dessen wir Menschen uns gegenseitig beurteilen und kategorisieren. Es ist wichtig, sich bewusst zu machen, dass diejenigen, die über eine umfangreiche und flüssige Sprache verfügen, oft Vorteile in Form von Status und Führung in Gruppen bekommen. Beherrscht man die Sprache noch nicht oder ist neu in einem Land, benötigt man möglicherweise Hilfe, um den Raum zu bekommen, in dem es möglich ist, sich verständlich zu machen. Sowohl gegenüber anderen Kindern als auch gegenüber Erwachsenen.

Die zwangsläufige Überlegenheit von Erwachsenen gegenüber Kindern bedeutet: Erwachsene drücken sich schnell und einfach aus und verwenden eine Sprache, die das Kind nicht immer versteht. Ebenso können verbale und sprachstarke Kinder einen Machtvorteil gegenüber Kindern haben, die ihre Gedanken und Gefühle noch nicht ausdrücken können. Es ist nur natürlich, dass diejenigen, die über viel Sprache verfügen und Sprache gut verstehen, mehr Informationen und Wissen aufnehmen können als diejenigen, die über wenig Sprache verfügen und sie nicht so gut verstehen. Ebenso natürlich ist, dass diejenigen, die über viel Sprache verfügen und diese gut anwenden können, sich besser ausdrücken und ihre Gedanken und Ideen besser zu Gehör bringen können.

Es gehört zur pädagogischen Anleitung, sich des Sprechraums in der Gruppe und dessen, wie Kinder einander zuhören, miteinander umgehen und interagieren, bewusst zu sein. Wenn Sie als Fachkräfte diese Führungsrolle nicht übernehmen, entstehen in der Gruppe schnell informelle Anführer, Untergruppen oder Allianzen, die einige Kinder bevorzugen und andere benachteiligen. In der Praxis kann dieser wichtige Aspekt der pädagogischen Anleitung bedeuten, dass Sie einige Kinder zurückhalten müssen, damit andere die Möglichkeit bekommen, sich auszudrücken. Überprüfen Sie auch sich selbst, um festzustellen, über wie viel Sprechraum Sie verfügen und wie Sie den Kindern in Ihrer Gruppe zuhören.

Unsere Kommunikation sagt aus, wer wir sind, und spiegelt die Gesellschaft wider

Wie wir im Alltag Sprache verwenden, beeinflusst, wie wir die Welt und uns selbst wahrnehmen. Was andere zu uns sagen, trägt zu unserer Wahrnehmung der Welt und zu unserem Selbstbild bei. Ohne dass wir es merken, wird alles, was wir sehen und hören, zu einem Rauschen, das unsere Gedanken beeinflusst. In unserem direkten Umfeld sind es die Familie und Freunde, denen wir zuhören, im größeren Kontext sind es Politiker, globale Unternehmen und Medien, die kommunizieren und beeinflussen, was wir tagtäglich tun und denken. Wenn in den Nachrichten häufig über den Treibhauseffekt berichtet wird, denken Sie wahrscheinlich über die Auswirkungen Ihres eigenen Handelns auf das Klima nach. Wenn Ihre Kollegen tagelang über die bevorstehende Umstrukturierung diskutieren, beschäftigten wahrscheinlich auch Sie sich damit, auch wenn Sie sich eigentlich nicht sorgen wollten. Doch was, wenn Ihre Chefin die Veränderungen als eine Neuorganisation anstatt als Umstrukturierung präsentiert? Nehmen Sie dann die Situation anders wahr?

Worte spielen eine große Rolle, und ihre positive oder negative Aufladung beeinflusst uns. Wenn wir eine wichtige Änderung betonen möchten, erfinden wir einfach ein neues Wort. Im Schwedischen wurde der Begriff „Amtmann“ durch „Amtsperson“ ersetzt, um zu zeigen, dass die Bezeichnung alle Geschlechter einschließt. Außerdem heißt in Schweden die „Kindertagesstätte“ oder „Kita“ neuerdings „Vorschule“ *(förskolan)*, damit deutlicher wird, dass die Aktivitäten in dieser Einrichtung ein Teil des Schulsystems sind.[1]

Wie wir mit Kindern sprechen, beeinflusst, wie sie die Welt wahrnehmen. Mithilfe von Sprache können wir den Fokus auf verschiedene Dinge, Phänomene oder Aspekte des Lebens und des menschlichen Miteinanders richten. Scheinbar selbstverständliche und einfache Handlungen, wie die Verwendung des Wortes „danke“, bewirken auf lange Sicht, dass wir den Kindern dabei helfen, Dankbarkeit zu verstehen. Das kleine Wort kann ihre Aufmerksamkeit darauf lenken, was geschieht, wenn man einem Freund hilft, nämlich dass diese Person sich freut und ebenfalls helfen möchte. Das Wort „danke“ trägt daher auch dazu bei, dass das Kind mit sich selbst zufrieden und stolz darauf ist, eine Person zu sein, die anderen hilft. Wenn wir auf die gegenseitige Rücksichtnahme der Kinder hinweisen und sie in Worte fassen, helfen wir ihnen, die Vorteile zu erkennen, die sich daraus ergeben.

Wenn wir uns gegenseitig als hilfsbereit, stark und mutig beschreiben, wirkt sich das nicht nur darauf aus, wie Kinder sich selbst wahrnehmen, sondern auch darauf, wie sie einander wahrnehmen. Mit positiven Formulierungen über Kooperation zu sprechen, lenkt die Aufmerksamkeit der Kinder auf die Vorteile der Arbeit an gemeinsamen Zielen. Dann besteht eine große Chance, dass Kinder die Freude daran entdecken, gemeinsam mit anderen Fortschritte zu machen, um als Team erfolgreich zu sein, in dem jedes Mitglied seinen Beitrag leistet. Wie das Umfeld die Welt für Kinder beschreibt, wirkt sich somit direkt auf ihre Lernfortschritte aus.

1 Da hier immer die Altersklasse von 0 bis 6 Jahren gemeint ist, bleiben wir in der deutschen Übersetzung dieses Buchs bei dem für uns geläufigeren Begriff „Kita“.

„Beim Erlernen einer Sprache geht es nicht nur darum, Vokabeln auswendig zu lernen. Man muss den Ballast der Wörter lernen, ihre Wertvorstellungen, Kultur und Geschichte."

THEODOR KALLIFATIDES

Mit Wertwörtern arbeiten

Viele Kitas arbeiten in jedem Halbjahr, Jahr oder als Teil ihrer Vision und Idee ihrer Tätigkeit mit Wertwörtern. Diese Arbeit beinhaltet, dass man im Laufe der Zeit in verschiedenen Kontexten auf ausgewählte Begriffe zurückkommt. Die Erzieherinnen erklären diese Begriffe und sprechen mit den Kindern darüber. Ziel ist es, die Wertwörter zu leben und sie im Alltag anzuwenden. Das können Erzieher erreichen, indem sie die Wertwörter in allen Gesprächen, beim Sprechen über Bücher, bei Konflikten zwischen den Kindern oder bei der Zusammenarbeit mit den Erziehungsberechtigten erwähnen.

> *Ein positiver Glaube an die Zukunft sollte die Bildung charakterisieren ... Alle Kinder sollten die Zufriedenheit und Freude erfahren, die es bereitet, Fortschritte zu erzielen, Schwierigkeiten zu überwinden und eine Bereicherung für die Gruppe zu sein. Die Kita sollte den Kindern die Möglichkeit geben, eine positive Vorstellung von sich selbst als lernende und kreative Individuen zu entwickeln.*
>
> *(LPFÖ 18, S. 9–10)*

Die ausgewählten Wertwörter müssen mit den im Bildungsplan vermittelten Werten, aber auch mit den Bedürfnissen der jeweiligen Kindergruppe übereinstimmen. Die Wertwörter müssen sich auch auf Grundlage des Alters und des Sprachniveaus der Kinder konkretisieren lassen.

Eine Kita entscheidet sich, mit den Begriffen „willkommen“, „Mut“ und „Vertrauen in die Zukunft“ zu arbeiten. Nachdem sie eine Zeit lang mit ihnen gearbeitet haben, liefern die Kinder fantastische und differenzierte Interpretationen:

„Willkommen – dies ist ein Ort, an den man gerne zurückkehrt.“

„Vertrauen in die Zukunft bedeutet, an eine Zukunft zu glauben, die man wahr machen will.“

„Mut ist zu tanzen, wenn sonst niemand tanzt.“

In Gesprächen wird deutlich, dass die Kinder die Bedeutung der Begriffe verstanden haben. Sie liefern ein lebendiges Bild davon, was die Begriffe ganz konkret bedeuten können.

Wertwörter sind auch für die pädagogische Anleitung von großer Bedeutung, in der sie zu einer Richtschnur des Denkens, Kommunizierens und Handelns werden. Für die Gemeinschaft und das Miteinander können Wertwörter eine große Rolle spielen, da sie befolgt und eingehalten werden sollen. Außerdem konzentrieren wir uns auf diese Weise auf Teile des Lebens, die die Kinder sehen und beachten sollen. Indem wir diese Begriffe hervorheben, beeinflussen wir ihre Wahrnehmung. Dadurch sind wir an der Erschaffung eines Wertefundaments beteiligt, auf dessen Grundlage Kinder aufwachsen und von dem sie ein Teil werden sollen. Hoffentlich trägt dieses Wertefundament dazu bei, dass die Kinder in Zukunft eine noch bessere Welt erschaffen.

Die verhaltensregulierende Funktion der Sprache

Als Pädagogen unterstützen wir Kinder auf unterschiedliche Weise dabei zu verstehen, was geschieht. Wir helfen ihnen, auf der Grundlage unserer Erwartungen an sie und in Übereinstimmung mit den vereinbarten Wertvorstellungen und Regeln zu handeln. In der Praxis geht es darum, den Kindern zum Erfolg zu verhelfen, und manchmal sogar darum, für ihre Sicherheit zu sorgen. Es geht darum, den Kindern dabei zu helfen, Erwartungen und Zusammenhänge zu verstehen, damit sie angemessen handeln und sich ausdrücken können.

Häufig geschieht es unbewusst, aber viele Erwachsene haben die Angewohnheit, Kinder darauf aufmerksam zu machen, was geschehen soll: „Wenn der Bus kommt, müssen die anderen Fahrgäste zuerst aussteigen, dann gehen wir hinein und setzen uns hin." Wir helfen den Kindern auch, indem wir Aufforderungen oder Erwartungen aussprechen, bevor das Kind handelt: „Jetzt ist Mittagspause. Denkt daran, dass wir uns hinsetzen und auf die anderen warten. Wenn alle dann gegessen haben, bringen wir unsere Teller weg." Oder: „Die Klebepistole ist heiß. Hole die Schutzhandschuhe, wenn du mir beim Kleben helfen willst!"

Wir können den Kindern auch helfen, angemessen zu handeln und sich auszudrücken: „Wenn du siehst, dass sich ein Freund oder eine Freundin schwertut, kannst du fragen, ob er oder sie Hilfe möchte. Und wenn du Hilfe bekommst, ist es gut, wenn du dich bedankst." Oder: „Wenn du mitmachen und spielen willst, kannst du fragen: Darf ich mitmachen?" Oder: „Denk daran zu flüstern, wenn du mir im Kino etwas sagen willst, weil wir sonst die anderen, die den Film gucken, stören."

Mithilfe von Sprache können wir die Aktivitäten, die Interaktionen und sogar das Verhalten von Kindern steuern. Bei der pädagogischen

Anleitung ist es wichtig, darüber nachzudenken, wie wir Erwartungen und Zusammenhänge für alle Kinder deutlich machen können, sodass jeder die Möglichkeit hat, im Einklang mit den geltenden Normen und Werten zu lernen und zu handeln. Wenn ich mir im Voraus klar darüber bin, gelingt es dem Kind besser und ich als Erzieherin vermeide eine Menge unerwünschter Verhaltensweisen.

FRAGEN ZUM NACHDENKEN:

- Wie sieht die Verteilung des Sprechraums in der Einrichtung, in der Sie arbeiten, aus? Unterscheidet sie sich in verschiedenen Kontexten? Gibt es einen Unterschied zwischen Jungen und Mädchen? Zwischen extrovertierten und introvertierten Kindern?
- Wie drücken Sie Ihre positiven Erwartungen an die Kinder aus?
- Wie berücksichtigen Sie die demokratischen Rechte der Kinder bei Ihrer Tätigkeit?

„Ich habe an die Magie der Sprache geglaubt, seit ich schon sehr jung entdeckte, dass mich einige Worte in Schwierigkeiten brachten und mich andere wieder herausholten."

KATHERINE DUNN

Kommunikation in der pädagogischen Anleitung

Wir alle wissen, wie man anderen zuhört, aber je nach Situation verfahren wir unterschiedlich. Zuhören kann jeder, aber aktives Zuhören müssen viele von uns üben. Um das zu schaffen, müssen wir ablenkende Gedanken beiseiteschieben und wirklich versuchen zu verstehen, was das Kind sagt. Das ist schwierig, denn es handelt sich nicht um bloßes Wissen, dass wir einmal erwerben und dann abrufen können. Wenn wir gestresst, angeschlagen oder müde sind, ist es schwieriger als an Tagen, an denen wir ausgeruht, gesund und entspannt sind. Wir müssen uns kontinuierlich daran erinnern, weiterhin aktiv zuzuhören.

Zuhören allein ist aber nicht immer ausreichend. Ein Kind, das sagt, dass es seiner Großmutter keine Geburtstagskarte zeichnen will, weil sie „hässlich wird“, möchte möglicherweise zum Ausdruck bringen, dass es sich sorgt, dass die Empfängerin der Zeichnung, in diesem Fall die Großmutter, sie vielleicht nicht mag. Und ein Kind, das sich beschwert, dass ein Freund etwas Gemeines gesagt hat, sagt vielleicht tatsächlich aus, dass es sich heute in der Kita einsam gefühlt hat, weil sein bester Freund oder seine beste Freundin nicht da war.

Um Kinder wirklich zu verstehen, müssen wir neugierige Anschlussfragen stellen. Und um ihnen die bestmöglichen Voraussetzungen dafür zu geben, die passenden Worte und Ausdrücke für ihre Gedanken zu finden, müssen wir unsere Beteiligung signalisieren, indem wir einen steten Blickkontakt herstellen und mit viel

Empathie zuhören. Kinder müssen das Gefühl haben, dass wir Zeit haben, dass wir hören, was sie zu sagen haben, und dass wir es für wichtig halten.

Wenn Kinder die Möglichkeit haben, jemandem etwas zu erzählen, der wirklich aktiv zuhört, macht es ihnen mehr Spaß. Es ist eine positive Erfahrung. Dieses Vorgehen kann Kinder also dazu anregen, noch mehr zu erzählen. Als sprachliches Vorbild zeigen Sie den Kindern aber auch, dass es wichtig ist zuzuhören und dass jeder Mensch Gedanken hat, die es wert sind, gehört zu werden. Es ist schwierig, Kinder dazu zu bringen, anderen zuzuhören, wenn sie selbst nicht das Gefühl haben, dass man ihnen zuhört.

Die Bedeutung der Körpersprache

Unsere Worte machen nur einen kleinen Anteil der gesamten Kommunikation aus, die der Empfänger wahrnimmt und interpretiert. Der größte Teil der Interpretation des Empfängers basiert auf den nonverbalen Signalen, hauptsächlich der Körpersprache, aber auch auf Tonlage und Betonung. In einigen Berufen ist es besonders wichtig, die Signale des Körpers erkennen zu können. Für Polizistinnen und Zollbeamte kann es von entscheidender Bedeutung sein, und auch für Psychologinnen und Pokerspieler ist es ein erheblicher Vorteil. Fertigkeiten in der Interpretation von Körpersprache sind jedoch zweifellos für jeden Menschen vorteilhaft. Wenn wir die Körpersprache nicht lesen und verstehen können, wird die Koexistenz für die Menschheit schwierig. Es ist für uns von grundlegender Bedeutung, gemeinsam, in Familien, in Gruppen und als Gesellschaft agieren zu können. Die Umgebung lesen zu können, ist auch bei der Navigation im Alltag, in dem Umfeld und dem Kontext, in dem wir leben, notwendig.

Unsere Körpersprache besteht aus einer Reihe verschiedener Körpersignale und Reaktionen, die alle zu unserer Kommunikation beitragen. Körpersprache ist nonverbal und umfasst eine Reihe von Kommunikationskanälen wie Haltung, Mimik, Tonfall, Blick, Blickkontakt, Gesten und mehr. Emotionen wie Wut, Ekel, Angst, Freude, Traurigkeit, Überraschung und Verachtung lösen im Gesicht spontane und natürliche Reaktionen aus. Diese Reaktionen sind bei allen Menschen ähnlich, ungeachtet ihrer Herkunft. Selbst vollständig blinde Menschen zeigen weitgehend die gleichen Reaktionen wie Sehende, ohne den Ausdruck je bei einem anderen Menschen wahrgenommen zu haben. Die Fähigkeit, Emotionen durch Körpersprache auszudrücken, scheint biologisch vererbt zu werden.

Sie verspüren nach einem Gespräch oder einer Besprechung ein Gefühl des Unbehagens oder der Sorge? Das liegt häufig daran, dass Sie bewusst oder unbewusst Signale lesen, die Ihnen Anlass zum Grübeln oder zur Sorge geben. Die Wörter, die Sie gehört haben, stimmen möglicherweise nicht mit den Signalen überein, die Sie von einem Gesprächsteilnehmer empfangen haben.

Wir Menschen spiegeln automatisch die Körpersprache von Personen, die uns sympathisch sind. Das ist eine Methode, um Gemeinschaft und Zugehörigkeit zu empfinden. Es signalisiert gegenseitiges Verständnis und gegenseitige Akzeptanz. Wenn sich Ihr Gegenüber streckt oder seine Hände an die Hüften legt, besteht eine große Wahrscheinlichkeit, dass Sie dieselbe Geste machen. Wenn Sie jemandem gegenübersitzen, den Sie mögen, und diese Person sich nach vorne beugt, werden Sie sich wahrscheinlich ebenfalls nach vorne beugen. Doch wenn Sie jemanden nicht mögen oder sehr negativ auf das reagieren, was diese Person sagt, werden Sie wahrscheinlich das Gegenteil tun: Sie werden sich automatisch zurücklehnen und sich von Ihrem Gesprächspartner entfernen.

Schließen Sie Ihre Augen und stellen Sie sich einen Menschen vor. Stellen Sie sich vor, dass dieser Mensch glücklich, schüchtern, entspannt, ablehnend, zweifelnd oder entschlossen ist. Stellen Sie sich den Gesichtsausdruck vor, aber auch die Haltung und Bewegungen des Körpers. Versuchen Sie aufzustehen und verschiedene Emotionen nachzuempfinden. Stellen Sie sich vor, Sie wären klein, einsam und ängstlich. Oder dass Sie gerade einen Wettkampf gewonnen hätten und Weltmeister wären – glücklich, stolz und von allen geschätzt. Wenn es Ihnen gelingt, sich in die Rolle einzuleben, hat das Einfluss auf Ihre Körperhaltung, Ihre Mimik und Ihre Bewegungen. Wenn Sie Angst haben, rollt sich Ihr Körper zusammen, Sie ziehen sich zurück, vielleicht legt sich Ihre Stirn ein wenig in Falten, und Ihr Blick wird unstet. Wenn Sie sich als Weltmeisterin fühlen, strecken Sie sich, heben den Kopf, ziehen die Schultern zurück und lächeln.

Die Körpersprache als pädagogisches Werkzeug

Kleine Kinder beginnen, die Körpersprache ihrer Angehörigen zu lernen und zu deuten, lange bevor sie die gesprochene Sprache verstehen. Als Fachkraft sollten Sie sich bewusst darüber sein, dass die Körpersprache wichtig dafür ist, wie Kinder uns wahrnehmen. Unsere Art zu schauen, zu gestikulieren und uns im Raum zu bewegen, beeinflusst die Vorstellungen, die Haltung und Interpretation der Kinder zu dem, was wir sagen. Es kann ihre Konzentration stören, wenn wir uns auf eine bestimmte Weise bewegen, beispielsweise wenn wir unentwegt vor dem Kind hin und her gehen. Für das Kind ist es wichtig, im Auge zu behalten, wer sich in der Nähe und wer sich weiter weg im Raum befindet, denn das beeinflusst sein Sicherheitsgefühl. Es besteht also die Gefahr, dass unsere Bewegungen die Aufmerksamkeit des Kindes binden. Wenn wir uns stattdessen neben oder hinter dem Kind bewegen, ist das weniger störend.

Wenn wir mit Kindern sprechen, können wir ihre Fähigkeit, unseren Körper zu lesen, zu unserem Nutzen verwenden. Wenn etwas groß ist, zeigen wir mit der ganzen Länge unserer Arme, wie groß es ist. Wenn etwas, über das wir sprechen, sich bewegt, zeigen wir mit unseren Händen oder unserem Körper, wie es sich bewegt. Und wenn ein Charakter, über den wir sprechen, etwas empfindet, helfen wir dem Kind dabei zu verstehen, was er fühlt, indem wir unser Gesicht dieses Gefühl widerspiegeln lassen.

Sie können auch Gesten verwenden, um zu veranschaulichen, wovon Sie sprechen. Zeigen, gestikulieren und kommunizieren Sie mit dem Körper, wenn Sie etwas erzählen. Ihre Körpersprache konkretisiert den Inhalt Ihrer Aussagen und ist daher ein pädagogisches Werkzeug zur Stärkung Ihrer Botschaft. Ihre Bewegungen und Gesichtsausdrücke dienen zur Veranschaulichung Ihrer Erzählung.

Manchmal sind andere Formen der Veranschaulichung erforderlich, damit Sie sich verständlich machen können. Vielleicht verwenden Sie ein Bild oder ein Foto, wenn Sie mit den Kindern über etwas Abstraktes oder lange Zurückliegendes sprechen. Vielleicht malen Sie ein Bild, um die Details Ihrer Aussagen zu unterstreichen. Indem Sie als sprachliches Vorbild in der Kommunikation Ihren Körper und verschiedene Ausdrucksmittel bewusst einsetzen, zeigen Sie, dass es unterschiedliche Ausdrucksmöglichkeiten gibt.

Konfliktgespräche können im Auto oder während eines Spaziergangs einfacher zu führen sein als zu Hause am Küchentisch. Eine Erklärung dafür ist, dass wir verletzlicher sind, wenn wir uns gegenüberstehen und wichtige Körperteile „entblößt" sind, als wenn wir uns nebeneinander befinden. Wenn die Vorderseite des Körpers, die unsere physisch verletzlichste Seite ist, ungeschützt ist, löst dies

Abwehrinstinkte in uns aus. Wir haben das Bedürfnis, uns zu schützen, und wünschen uns Integrität.

Augenkontakt und Tonfall

Das Wissen darüber, wie die Körpersprache die Kommunikation in Ihrem Alltag beeinflussen kann, ist wesentlich. Wenn Sie in einen Konflikt eingreifen, kann es aggressiver wirken, den Kindern in die Augen zu sehen, als den Blick zur Seite oder auf etwas anderes im Raum zu richten. Wie Sie sich dem jeweiligen Konflikt nähern, kann entscheidend dafür sein, wie die Lösung ausfällt. Strecken Sie Ihre Hand ruhig und freundlich nach dem Kind aus, verlassen Sie die Konfliktzone, setzen Sie sich nebeneinander anstatt gegenüber. Sie können dem Kind helfen, sich zu entspannen und Abstand zur Situation zu bekommen, indem Sie mit Ihrem Körper agieren und kommunizieren.

Doch während Sie in Konflikten direkten Blickkontakt vermeiden sollten, ist es umso wichtiger, immer dann den Blick auf das Kind zu richten, wenn Sie eine Anweisung geben. Dann signalisiert Ihr Blick, dass Sie sich ausdrücklich an das Kind wenden. Sie stellen eine Verbindung her, die dem Kind dabei hilft, seine Aufmerksamkeit auf Sie und auf das, was Sie sagen, zu richten.

Der Tonfall ist ein weiterer wichtiger Kommunikationskanal, für den Kinder empfänglich sind. Ihre Einstellung zum Kind und die Aktivität, mit der Sie beschäftigt sind, lassen sich in Ihrem Tonfall nachvollziehen. Wenn Sie über etwas Großartiges sprechen, ist Ihre Stimme lebendig und abwechslungsreich. Wenn Sie etwas Trauriges erzählen, wird die Stimme eintöniger und weniger nuanciert. Ihre Stimme kann Freundlichkeit und Wärme ausdrücken, aber auch Ablehnung und Missbilligung.

Denken Sie auch über Ihre Position nach, die Sie einnehmen. Wenn Sie den Kindern oder der Gruppe gegenüberstehen und Ihre Schultern parallel zu den Schultern der Kinder sind, steigt die Fähigkeit der Kinder, Ihre gesamte Kommunikation – sowohl Ihre Worte als auch Ihre Körpersprache – aufzunehmen. Dann ist es für sie leichter zu verstehen, was Sie sagen. Dies ist vor allem für Kinder mit besonderen sprachlichen Herausforderungen, die zum Beispiel noch kein Deutsch gelernt haben, oder Kinder mit einer Sprachstörung, die über kein vollständiges Sprachverständnis verfügen, wichtig. Wir sprechen mit Worten. Aber wir kommunizieren mit unserem ganzen Körper und in der Umgebung und den Beziehungen, in denen wir uns befinden. Der schwedische Bildungsplan besagt:

> *Die Kita soll für jedes Kind die Voraussetzungen dafür schaffen, dass es die Fähigkeit entwickeln kann, Erlebnisse, Gedanken und Erfahrungen durch verschiedene Ausdrucksformen wie Bilder, Gestaltung, Drama, Bewegung, Gesang, Musik und Tanz zu erschaffen sowie auszudrücken und zu kommunizieren.*
>
> *(LPFÖ 18, S. 13–14)*

Sie als sprachliches Vorbild setzen im Alltag Sprache, Körpersprache und ästhetische Ausdrucksformen bewusst ein. Dadurch erschaffen Sie Botschaften und schärfen das Verständnis von Erlebnissen, Gedanken und Erfahrungen. Gesten, Zeichen, Bilder, Bewegungen, Tanz, Töne, Lieder, Rhythmen, Musik und Dramatisierungen sind verschiedene Ausdrucks- und Kommunikationsmittel. Sie lassen sich einzeln oder zusammen verwenden und tragen dazu bei, dass die Person, mit der Sie sprechen, ein besseres Verständnis gewinnt.

FRAGEN ZUM NACHDENKEN:

- In welchen Situationen ist es einfach oder schwierig, aktiv zuzuhören?
- Sind Sie sich Ihrer eigenen Körpersprache bewusst? Wie können Sie Körpersprache bei Ihrer Arbeit anwenden?
- Wie lesen und interpretieren Sie die Körpersprache der Kinder?

„Sprache ist das Mittel für mein Gehirn, um sich ohne Operation eine Vorstellung von deinem zu machen."
MARK AMIDON

Gute Frage, gute Antwort!

Manchmal vergessen wir Erwachsenen, wie wichtig der Dialog ist, um Kindern das Lernen zu erleichtern. Wir möchten ihnen viel erzählen und vermitteln. Wir möchten ihnen zeigen, wie sie eine Sache tun oder einen Gegenstand verwenden können. Wir möchten erklären, wie Sachverhalte und Dinge miteinander zusammenhängen. All das ist selbstverständlich wichtig, um Begriffe einzuführen und Verständnis zu schaffen. Doch damit Kinder dieses Wissen und die Sprache rund um ein Thema, eine Aktivität oder einen Inhalt verinnerlichen können, müssen wir Bedingungen schaffen, unter denen sie die Sprache selbst anwenden können. Im schwedischen Bildungsplan Lpfö 18 heißt es, „die Ausbildung soll den Kindern die Voraussetzungen vermitteln, in unterschiedlichen Kontexten und zu unterschiedlichen Zwecken denken, lernen und kommunizieren zu können". Das heißt, es ist von zentraler Bedeutung, dass Kinder ihre Gedanken und Einsichten selbst kommunizieren können.

Wir haben etwas wirklich verstanden und gelernt, wenn wir in der Lage sind, jemand anderem davon zu berichten. Oft verlieren wir uns in Fakten, übersehen Informationen, oder es fehlt uns an Worten, um zu erklären, was wir gelernt haben. Vielleicht liegt es daran, dass wir uns Wissen angeeignet haben, aber nicht die Gelegenheit hatten, es in Gesprächen, in denen wir die neuen Gedanken selbst formulieren konnten, zu verarbeiten. Das tiefere Verständnis bleibt aus, bis wir die Gelegenheit bekommen, neue Gedanken auszudrücken.

Deshalb ist es so wichtig, anderen seine Gedanken zu erklären und zusammen mit ihnen darüber zu diskutieren. Als sprachliche

Vorbilder für Kinder können wir diesen Prozess erleichtern, indem wir Fragen stellen wie: „Was denkst du? Wie bist du zu diesem Schluss gekommen? Kannst du mehr erzählen? Woher wissen wir, dass es so ist?“ Bis zu dem Tag, an dem sich Kinder die Fragen selbst in einer Art innerem Dialog stellen können, sind wir diejenigen, die diese reflektierenden Fragen für sie formulieren und so zur Vertiefung ihrer Gedanken beitragen.

Außerdem ist es wichtig, ein Verständnis dafür zu schaffen, dass es nicht immer richtige oder falsche Antworten auf Fragen gibt. Nicht alles ist schwarz oder weiß. „So kann man denken. Gibt es noch mehr mögliche Interpretationen?“, „Könnte es auch anders sein“, oder: „Können wir sicher sein, dass es so ist?“ – das sind Beispiele für Fragen, die Kindern vermitteln, dass Verständnis und Wissen nicht immer aus einfachen und gesicherten Antworten bestehen.

Offene Fragen

Nur ein Bruchteil der Fragen, die wir Erwachsenen den Kindern im Laufe des Tages stellen, sind offene Fragen, also Fragen, die eine andere Antwort als „ja“ oder „nein“ erfordern. Studien weisen darauf hin, dass nur fünf Prozent der Fragen von Erwachsenen offene Fragen sind. Dies steht im Gegensatz zu unserer eigenen Einschätzung unserer Art, mit Kindern zu sprechen. Die meisten von uns sind der Meinung, gut darin zu sein, offene Fragen zu stellen, und dies auch häufig zu tun. Meiner Erfahrung nach ist es tatsächlich so, wie die Forschung es aufzeigt. Wenn wir uns in der Kita filmen und unsere Art, Fragen zu stellen, analysieren, zeigt sich: Wir überschätzen die Menge der offenen Fragen erheblich. Wenn Sie Alltagsgespräche in der Kita beobachten, kommen Sie wahrscheinlich zu dem Schluss, dass die überwiegende Mehrheit der Kinder während des Tages die Gelegenheit zum Sprechen erhält. Den Kindern die Teilhabe am Sprechraum zu ermöglichen, gehört selbstverständlich und natürlicherweise zum Aufgabenbereich der pädagogischen Anleitung. Doch es gibt eine große Spanne für Verbesserungen, die darin bestehen, den Kindern einen längeren zusammenhängenden Sprechraum zu ermöglichen. Das ist notwendig, weil sie üben müssen, tiefere Gedankengänge auszudrücken und längere, komplexere Äußerungen zu formulieren. Bei geschlossenen Fragen hat die Erzieherin das Gespräch im Voraus eingegrenzt, sodass eine bestimmte Antwort darauf folgt. Beispielsweise:

„Wart ihr gestern nach der Kita schwimmen?"
Wahrscheinliche Antwort: Ja/Nein.
„Hast du Hunger?"
Wahrscheinliche Antwort: Ja/Nein.
„Hast du schon mal Rapsglanzkäfer gesehen?"
Wahrscheinliche Antwort: Ja/Nein.

Es ist sehr wahrscheinlich, dass das Kind auf diese Fragen mit Ja oder Nein antwortet und weiter nichts sagt. Stattdessen können Sie entscheiden, offene und weniger anleitende Fragen zu stellen, und beobachten, ob die Antworten des Kindes anders ausfallen werden. Beispielsweise:

„Wie fühlte sich das Wasser gestern an, als ihr schwimmen wart?"
Mögliche Antwort: „Es war kalt/warm. Es war schön zu schwimmen, aber unheimlich, im tiefen Wasser zu schwimmen."
„Was würdest du gerne essen?"
Mögliche Antwort: „Ich hätte gerne Lasagne/Kartoffeln mit Gemüse."
„Welche verschiedenen Insekten kennst du, und was haben sie gemeinsam?"

Mögliche Antwort: Auflisten einer Reihe von Insekten, die dem Kind vertraut sind, und Überlegungen zu ihren Ähnlichkeiten und möglichen Unterschieden.

Wir alle müssen üben, mehr offene Fragen zu stellen. Häufig hilft es, dies im Voraus zu planen. Ein einfacher Trick ist die Verwendung von Fragewörtern und Phrasen. Beispielsweise:

„Wie ...?“

„Wie fühlt es sich an, ...?“

„Auf welche Art und Weise ...?“

„Kannst du erzählen, ...?“

Ein weiterer Trick besteht darin, laut zu denken, um das Gespräch zu eröffnen, indem Sie beispielsweise sagen:

„Ich frage mich, ...“

„Ich überlege ...“

„Manchmal weiß ich nicht, ob ...“

Reflektierende Fragen

In einer Kita arbeiten die Erzieherinnen schon lange mit strukturiertem Vorlesen und Buchgesprächen mit den Kindern. Es gibt dort auch eine Garderobenbibliothek, in der die Erziehungsberechtigten sich Bücher zur Ausleihe mit nach Hause nehmen können. Um das tägliche Führen guter Gespräche mit den Kindern zu erleichtern, haben die Erzieher offene und reflektierende Fragen an die Wände geschrieben. Diese dienen ihnen als Unterstützung. Die Idee ist, dass Kinder dazu aufgefordert werden sollen, längere und detailliertere Antworten zu geben als lediglich „ja“ oder „nein“. Kinder sollten viele Gelegenheiten haben, sich auszudrücken und ihre Gedanken in Worte zu fassen.

Durch die Arbeit mit reflektierenden und offenen Fragen entwickelt sich die Fähigkeit der Kinder, zu erzählen, zu argumentieren und sich auszudrücken.

Ein weiteres Beispiel für eine unterstützende Struktur für Erzieherinnen, die offene und reflektierende Fragen stellen möchten, finden Sie im Modell auf der folgenden Seite. Genau wie die Reflexionsfragen an den Wänden ist das Modell eine Möglichkeit, sich daran zu erinnern, welche Fragen zum Eröffnen und Vertiefen eines Gesprächs dienen können. Oder im umgekehrten Fall, welche Fragen hilfreich sind, um ein Gespräch einzugrenzen oder zu lenken.

Es ist ratsam, das Modell in dem Raum bzw. den Räumen verfügbar zu machen, in denen Sie am meisten mit den Kindern sprechen. Hier üben Sie, Ihre Gesprächsmuster und die der Kinder zu verändern. Wenn Sie neben dem Modell einen Stift bereitlegen, können Sie Ihre Beobachtungen und Überlegungen aufschreiben.

Beobachtungen:

Reflexionen:

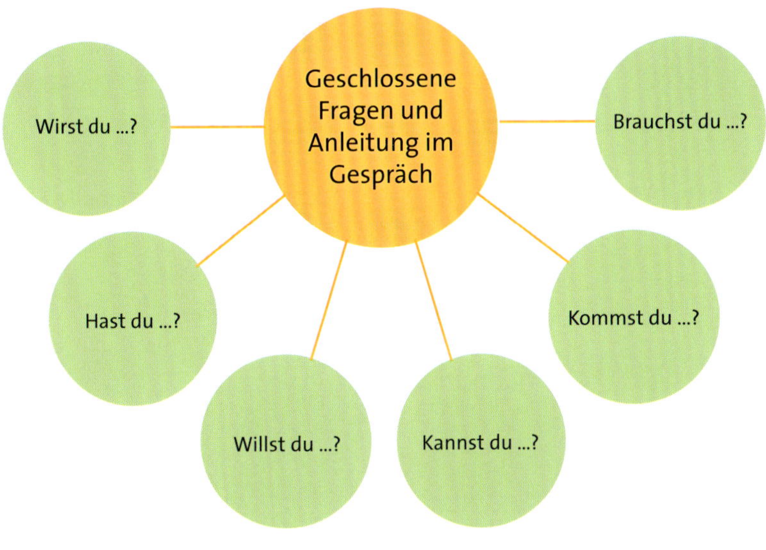

Beobachtungen:

Reflexionen:

Eine andere Möglichkeit ist, einen Erinnerungszettel für offene und geschlossene Fragen an einer Stelle aufzuhängen, an der Sie ihn häufig sehen. Vielleicht kann er sich auf dem Umschlag des Buches befinden, das Sie gerade vorlesen, oder an der Wand neben der Leseecke.

Offene Fragen:

Wie ...?
Erzähle ...
Beschreibe ...
Warum?
Ich frage mich, ...
Wie fühlt es sich an, ...?
Auf welche Art und Weise ...?
Wie bist du zu dem Schluss gekommen, dass ...?
Was meinst du, ...?

Geschlossene Fragen:

Wirst du ...?
Hast du ...?
Willst du ...?
Kannst du ...?

Echte und falsche Fragen

Die meisten Fragen, die Kindern gestellt werden, sind also geschlossene Fragen. Ein weiteres interessantes Phänomen sind echte und falsche Fragen. Echte Fragen sind Fragen, die wir aus echter Neugier stellen und auf die wir selbst keine Antwort wissen. Falsche Fragen dagegen sind Fragen, auf die wir die Antwort in Wirklichkeit bereits kennen. Von allen Fragen, die Erwachsene Kindern im Laufe eines Tages stellen, sind nur ein Bruchteil echte Fragen. Dies gilt unabhängig davon, wer fragt. Es können Eltern, Verwandte, Bekannte der Familie, aber auch wir sein, die wir professionell mit den Kindern arbeiten. Wir müssen also nicht nur üben, offene Fragen zu stellen, sondern auch, echte Fragen zu stellen.

Ein häufiges Gesprächsmuster zwischen Erwachsenen und Kindern besteht darin, dass der Erwachsene eine Frage stellt und das Kind kurz darauf antwortet. Daraufhin stellt der Erwachsene eine weitere Frage, und das Kind antwortet nochmals kurz. Eine Ja- oder Nein-Antwort des Kindes kann natürlich zu Folgefragen des Erwachsenen führen. Die Gefahr ist dabei, dass wir in eine kommunikative Sackgasse geraten, in der das Gespräch zum Erliegen kommt. Ein solches Gespräch motiviert das Kind auch nicht zu weiteren Gesprächen, da es eher kontrollierend wirkt, anstatt Neugier und echtes Interesse zu signalisieren.

Falsche Fragen beziehen sich oft auf Dinge, von denen wir wissen, dass das Kind sie erlebt hat oder sich für sie interessiert. Vielleicht stellen wir sie, um das Eis zu brechen oder um Kontakt aufzunehmen. Es kann sich um Dinge handeln, über die wir Informationen von einem anderen Erwachsenen – einer Kollegin oder einem Erziehungsberechtigten – erhalten haben. Aus kommunikativer Sicht ist ein solches Verhalten eigentlich ziemlich merkwürdig. Wir kommunizieren nämlich eher, um Gedanken und Ideen auszutauschen, als um zu kontrollieren, was die andere Person weiß. Fragen zu stellen ist eine Möglichkeit, sich einem anderen Menschen, ob Kind oder Erwachsener, zu nähern. Es signalisiert Neugier, Interesse und Wohlwollen. Doch echte Fragen motivieren die befragte Person, mehr zu erzählen, während falsche oder geschlossene Fragen oft dazu führen, dass das Gespräch zum Erliegen kommt.

Bei echten Fragen geht es darum, sich dafür zu interessieren, was Kinder denken, glauben, wissen oder fühlen. Es geht darum, neugierig zu sein, gemeinsam nachzudenken und das Kind als eine Person zu sehen, die manchmal mehr weiß und kann als ich selbst. Echte Fragen signalisieren auch, dass Erwachsene nicht immer Antworten und Wahrheiten parat haben.

Denken Sie über die Unterschiede zwischen den folgenden beiden Gesprächen nach.

Gesprächsbeispiel 1:
„Hallo Jonas, möchtest du herkommen und dich für einen Moment setzen? Erzähl mal, warst du gestern auf Opas Feier?"
„Ja."
„Hat es Spaß gemacht?" „Ja."
„Habt ihr Torte bekommen?"
„Ja."
„Habt ihr Opa ein Lied gesungen? Hoch soll er leben?"
„Nein, nur die Erwachsenen."
„Aha, nur die Erwachsenen haben gesungen. Was hast du denn gemacht?"
„Gespielt."

Gesprächsbeispiel 2:
„Hallo Siri, möchtest du dich hier einen Moment hinsetzen? Ich frage mich, wie es wohl auf Opas Feier war?"
„Gut."
„Was habt ihr auf der Feier gemacht?"
„Ole und ich haben uns versteckt."
„Aha, habt ihr Verstecken gespielt? Wo hast du dich versteckt?"
„Unter dem Bett."
„Das war ein gutes Versteck. Wo hat sich denn Ole versteckt?"
„Unter dem Tisch. Und im Flur."

Im ersten Gespräch stellt die Erzieherin falsche und geschlossene Fragen. Im zweiten überwiegen die echten und offenen Fragen. Fragen zu stellen ist eine grundlegende Methode, um Gespräche zu gestalten. Unterschiedliche Fragen erfüllen unterschiedliche Funktionen, und alle Fragen sind notwendig. Verfolgen Sie doch einmal selbst, welche Art von Fragen dazu führt, dass die Kinder am meisten sprechen und lernen. Und finden Sie heraus, welche Art von Fragen in Ihrer eigenen Praxis überwiegt.

Fragen Sie alle Kinder und warten Sie auf Antworten

In der pädagogischen Tätigkeit ergreifen wir die Initiative, um mit allen Kindern in der Gruppe zu sprechen. Das Aktivitätsniveau der Kinder in den Gesprächen hängt davon ab, wie häufig sie aufgefordert werden zu sprechen. Einige Kinder greifen das Gespräch auf natürliche Weise auf, während andere möglicherweise mehr Unterstützung benötigen. Da Kinder in jungen Jahren keine ausgereiften Sprecher sind und je nach Persönlichkeit in unterschiedlichem Maße selbst die Initiative zu Gesprächen ergreifen, haben wir Erwachsenen eine besonders große Verantwortung. Wir sind diejenigen, die zu Gesprächen und Interaktionen auffordern, damit alle Kinder die gleiche Chance haben, sich zu unterhalten – um zu lernen und um zu kommunizieren.

Ein weiterer Unterschied zwischen den Kindern zeigt sich darin, wie viel Zeit sie benötigen, um zu antworten. Wenn wir Kindern Fragen stellen, müssen wir darauf vorbereitet sein, dass Antworten lange auf sich warten lassen. Dies gilt besonders für kleine Kinder, für Kinder, die eine neue Sprache lernen, und für Kinder mit Sprachschwierigkeiten. In diesen Fällen ist manchmal viel Zeit zum Nachdenken und auch Unterstützung notwendig, um neu zu formulieren oder um durch gemeinsames Nachdenken zu einer Antwort zu gelangen. In allen Gesprächen, insbesondere aber für Kinder, die viel Zeit benötigen, ist es von Vorteil, wenn Kinder spüren, dass sie die volle

Aufmerksamkeit des Erwachsenen haben. Wir signalisieren dies zum einen dadurch, dass wir uns nicht von anderen Dingen und Personen ablenken lassen und dass wir die Aufmerksamkeit beibehalten. Zum anderen zeigen wir es durch unsere Körpersprache, beispielsweise indem wir dem Kind während des Gesprächs in die Augen schauen und den Blick halten.

Sammeln Sie Kinderfragen

Erwachsene stellen häufig Fragen, auf die sie bereits die Antwort wissen. Doch was tun Kinder? Ja, sie stellen auch viele verschiedene Fragen, aber selten solche, auf die sie schon eine Antwort haben. Wenn Kinder Fragen stellen, dann aus echter Neugier. Sie haben etwas gesehen und beobachtet, das sie zum Nachdenken gebracht hat. Kinderfragen sind eine natürliche Quelle des Wissens und Lernens, und deshalb sollten sie in der pädagogischen Arbeit aufgegriffen werden. Sie bieten Ansatzpunkte zu verschiedenen Themen und Wissensbereichen, an denen Kinder teilhaben sollen. Auf ihre Fragen einzugehen hat auch einen Wert an sich: Auf diese Weise zeigen wir Erwachsenen ihnen, dass ihre Gedanken und Fragen wichtig, schlau und es wert sind, aufgegriffen zu werden.

Kinder sehen die Welt oft anders als wir Erwachsenen und stellen daher etwas andere Fragen. Dinge, die wir nicht wahrnehmen und auf die wir gar nicht mehr reagieren, können ihre Aufmerksamkeit erwecken und sie zum Fragen animieren. „Warum haben wir Ringe an den Fingerspitzen?“ ist eine echte Frage zum menschlichen Fingerabdruck, die zu vielen spannenden Diskussionen und neuen Erkenntnissen führen kann. „Warum scheint der Mond manchmal mitten am Tag?“ kann uns die Möglichkeit geben, die Erden, den Weltraum und das Sonnensystem zu entdecken und kennenzulernen. Kinderfragen zu sammeln und auf sie einzugehen ist eine ständige Quelle der Erneuerung in der pädagogischen Tätigkeit und verschafft manchmal die dringend benötigte Inspiration. Das Ergebnis ist ein gesteigerter Lernerfolg bei den Kindern, aber auch ein gestärktes Gefühl der Handlungsfähigkeit und des lernbezogenen Selbstbewusstseins. Kinder, die gut darin sind, bewusst Fragen zu stellen, entwickeln sich zu kritischen Denkern und Entdeckern der Welt.

Stellen Sie Fragen mit Prämissen

Wir Erwachsenen sollten hohe und positive Erwartungen an Kinder haben. Hohe Erwartungen bedeuten, dass wir Kinder als lernende Individuen sehen, die das Richtige tun und Erfolg haben wollen, aber auch, dass wir sie als vollwertige Gesprächspartner betrachten. Hohe Erwartungen beeinflussen sowohl die Art, wie wir Kindern begegnen, als auch die Dynamik und Interaktion zwischen Erwachsenen und Kindern. Unsere positiven Erwartungen können von den Kindern selbst übernommen werden und ihr Selbstbild beeinflussen. Die Erwartungen der Umwelt hängen stark mit dem Selbstbild und dem Gefühl von Identität zusammen.

Häufig wird gesagt, dass hohe Erwartungen nicht immer zu guten Ergebnissen führen, niedrige Erwartungen jedoch nie. Unsere Annahme, dass Kinder lernen, erfolgreich sind und sich benehmen, hat verstärkt zur Folge, dass Kinder diese Erwartungen erfüllen. Wenn wir dagegen Chaos, Ärger und Grenzenlosigkeit erwarten, besteht die Gefahr, dass sich die Erwartungen bewahrheiten, weil wir sie in unseren Begegnungen mit den Kindern widerspiegeln. Wie werden also unsere Erwartungen in der Sprache und Kommunikation mit den Kindern sicht- und hörbar? Neben dem Offensichtlichen, dass sie viele der nonverbalen Kommunikationskanäle wie Tonfall, Körperhaltung und Gesten durchdringen, sollten wir auch darüber nachdenken, wie unsere verbale Sprache unsere Erwartungen ausdrückt. Dies kann gelingen, indem wir Erwartungen direkt aussprechen oder indem wir sie eher indirekt in Gespräche einflechten. Ein Beispiel ist die Verwendung von Sprache in einer Weise, die hohe positive Erwartungen impliziert, etwa durch das Stellen von Fragen mit Prämissen.

In der folgenden Auflistung ist eine Erwartung in die Frage eingebaut. Überlegen Sie, welche.

1. „Was planst du zu tun, um dein Bauwerk haltbar zu machen?"
2. „Was habt ihr euch überlegt, um die Aufgabe gemeinsam als Gruppe zu lösen?"
3. „Ihr achtet so sehr darauf, euch für das Essen zu bedanken. Was habt ihr euch gedacht, wie wir als Klasse den Köchen in der Küche unsere Wertschätzung zusätzlich zeigen könnten?"

Interpretation der Prämissen in den obigen Fragen:

1. Die Frage setzt voraus, dass das Kind ein denkendes und planendes Individuum mit verschiedenen Vorstellungen davon ist, wie man am besten baut, um sein Ziel zu erreichen.
2. Die Frage setzt voraus, dass die Gruppe einen Plan hat, um alle einzubeziehen, und dass sie in der Lage ist, kompetent als Team zusammenzuarbeiten, in dem jeder sein Wissen einbringen kann.
3. Die Frage setzt voraus, dass alle in der Gruppe Dankbarkeit zeigen wollen und können, dass die Gruppe höflich und umsichtig ist, andere Menschen wahrnimmt und ihnen ihre Wertschätzung zeigt.

Ein weiteres Beispiel ist die Verwendung unserer Sprache, um positive Verhaltensweisen und das Lernen der Kinder hervorzuheben und zu bestätigen. Oder, dass wir Sprache verwenden, um weniger wünschenswerte Verhaltensweisen zu korrigieren oder zu beseitigen:

„Ihr sagt so kluge und interessante Dinge. Achtet darauf, einander zuzuhören, wenn jemand anderes spricht, damit ihr nicht all die spannenden Gedanken verpasst, die die anderen Kinder haben."

Die Art und Weise, wie wir Dinge sagen, kann Kinder auch motivieren, sich noch mehr zu bemühen:

„Erinnert ihr euch daran, als wir letzten Herbst angefangen haben, da habt ihr alle gleichzeitig geredet. Jetzt habt ihr gelernt, die Hand zu heben und zu warten, bis ihr an der Reihe seid, wenn wir diskutieren. Das ist richtig toll!"

„Ihr habt bereits gelernt, euch an eure Vornamen zu erinnern. Ich bin beeindruckt davon zu sehen, wie ihr Aufgaben übernehmt und einander helft! Jetzt üben wir weiter, dass ihr euch auch an eure Nachnamen erinnert."

Sprache und Kommunikation sind wichtige Werkzeuge in der Begegnung mit Kindern. Es sind Werkzeuge, mit denen wir täglich in ihr Leben eingreifen. Fähige Fachkräfte erkennen die Macht der Sprache. Sie wissen, wie das Bewusstsein darüber, wie man sich ausdrückt, die Lernfortschritte der Kinder verbessert, die Arbeit mit den Grundwerten beeinflusst und ihr Selbstbild sowie ihr Gefühl der Handlungsfähigkeit fördert. Niemand ist perfekt darin, Sprache in einer solch bewussten Weise anzuwenden. Das erfordert Konzentration und Übung. Doch jeder von uns kann sich darin verbessern, seine Sprache sowohl im Unterricht als auch bei der Begegnung mit den Kindern effektiver und wirkungsvoller einzusetzen. Mithilfe der Sprache können wir Fragen, Themen oder Konflikte aufgreifen, Gemeinschaft schaffen, den Respekt füreinander und für die demokratischen Vorgehensweisen stärken sowie die Motivation der Kinder steigern.

FRAGEN ZUM NACHDENKEN:

- Welche Erwartungen haben Sie und Ihre Kolleginnen an die verschiedenen Kinder in Ihrer Gruppe?
- Wie sieht das Verhältnis zwischen offenen und geschlossenen beziehungsweise zwischen echten und falschen Fragen bei Ihrer Tätigkeit aus? Wie können Sie die Anzahl von offenen und echten Fragen während eines Tages erhöhen?
- Wie können Sie die Strategie der Fragen mit Prämissen in Lernsituationen und beim Feedback an Kinder anwenden?

Kapitel 2

Sprache, die das Denken von Kindern herausfordert

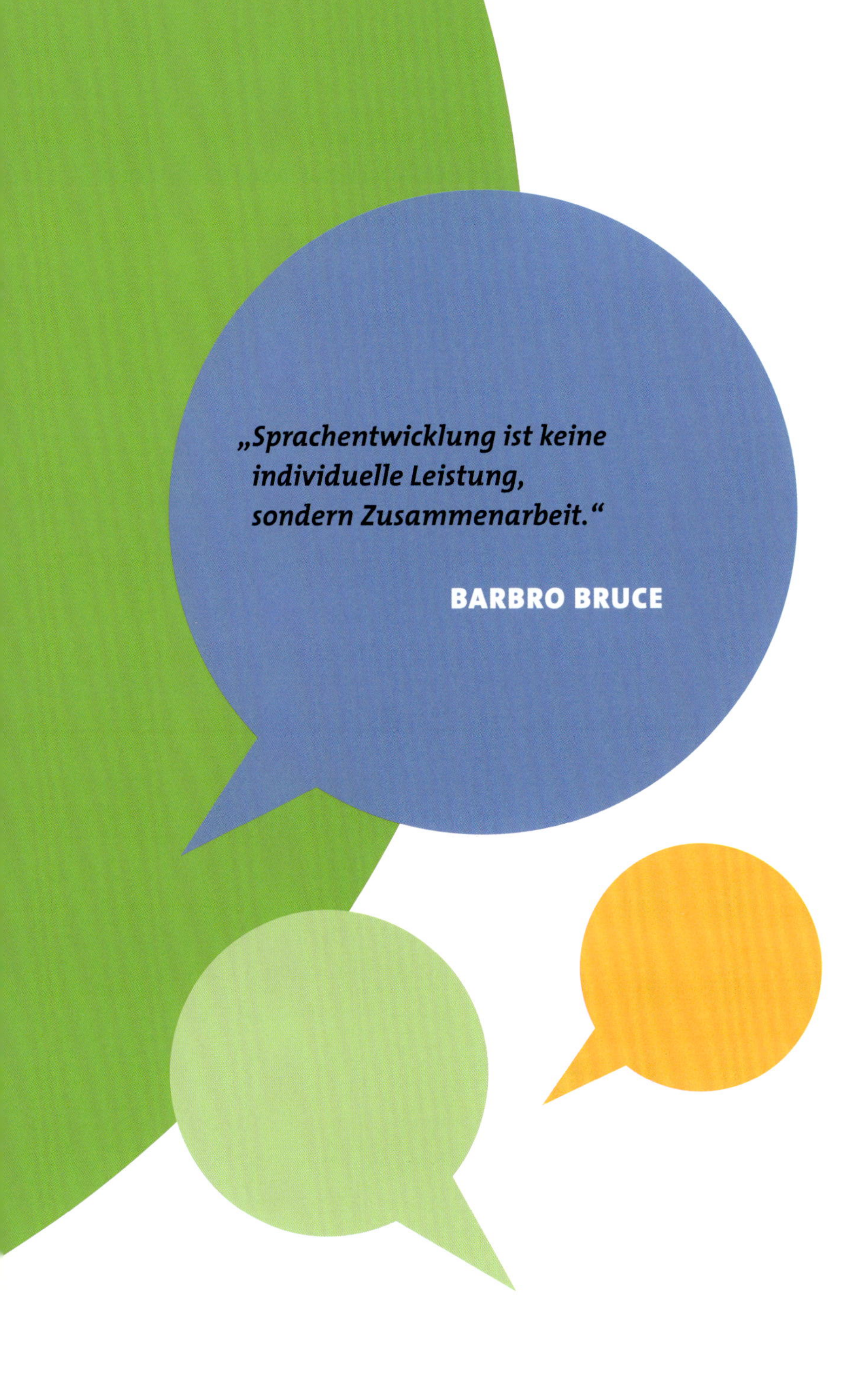
„Sprachentwicklung ist keine individuelle Leistung, sondern Zusammenarbeit.“
BARBRO BRUCE

Sprache und die Entwicklung von Wissen

Schon ganz kleine Kinder haben Ideen und Gedanken, die sie an ihre Umgebung kommunizieren. Indem es auf das spannende Spielzeug zeigt, macht das Kleinkind anderen Menschen deutlich, dass es sich es genauer ansehen möchte. Durch Wegschauen zeigt es, dass es nicht näher an etwas oder jemanden herankommen möchte, den es als unbekannt und beängstigend empfindet. Durch das Hinwenden oder Ausstrecken der Arme zu jemandem zeigt es, dass es getröstet oder in den Arm genommen werden möchte.

Kinder kommunizieren ihre Gedanken und Ideen zu unterschiedlichen Zeiten im Leben auf unterschiedliche Weise. Ihre Umgebung muss aufmerksam sein, interpretieren und dem Kind dabei helfen, seine Ideen zu beschreiben und in Worte zu fassen. Unsere Aufgabe ist es, die Gedanken eines Kindes zu bestätigen, aber auch, seine Gedanken herauszufordern, damit es sich weiterentwickeln kann.

So früh wie möglich im Leben müssen Kinder viele Möglichkeiten bekommen, mit anderen zu sprechen. Wenn der Gesprächspartner ihr Denken herauszufordern vermag, dann stimuliert dies ihre kognitive Entwicklung. Das zeigt sich beispielsweise darin, dass Kinder auf neue Dinge aufmerksam werden und Ähnlichkeiten und Muster identifizieren. Es kann auch darum gehen, Unterschiede festzustellen. Im Gespräch können Sie gemeinsam argumentieren, um einen Gedanken weiterzuführen. Sie können auch Fragen entwickeln oder Hypothesen und Lösungen diskutieren und ausprobieren. Diese Art von Kommunikation setzt voraus, dass das Gesprächsklima gut ist, dass sich alle sicher fühlen und dass es in Ordnung ist, Fragen zu stellen, Standpunkte infrage zu stellen und um Erklärungen zu bitten. Das menschliche Gehirn sucht automatisch nach Mustern. Die Fähigkeit, Muster zu erkennen, ist für uns nützlich. Sobald das Gehirn auf etwas aufmerksam geworden ist, ist es schwer, die gleiche Sache nicht immer wieder zu entdecken. Denken Sie daran, wie es manchmal ist, wenn ein Kind einen oder mehrere Buchstaben gelernt hat. Plötzlich sieht es diesen Buchstaben überall. Das Wissen darum, dass etwas existiert, beeinflusst also unsere Aufmerksamkeit und unsere Wahrnehmung. Wenn wir zum Beispiel etwas über einheimische Singvögel gelernt haben, dann sehen und hören wir diese Vögel und ihren Gesang jedes Mal, wenn wir nach draußen gehen.

Kinder lernen voneinander und helfen sich gegenseitig, ständig neue Dinge zu entdecken. Erwachsene können diesen Umstand als bewusste Strategie nutzen, um Lernmomente zu schaffen. In Gesprächen mit den Kindern können wir sie dabei unterstützen, neue Dinge zu entdecken, die ihr Denken verändern und weiterentwickeln. Wenn Kinder uns eine neue Entdeckung vermitteln, können wir entweder ihre Neugier stärken oder sie dämpfen. Unsere Reaktion signalisiert ihnen, ob diese Entdeckung interessant oder uninteressant ist. Wenn Kinder Muster in ihrer Umgebung benennen und nach ihnen suchen, spiegeln sie ihre Entdeckung in uns wider. Wir geben bewusst oder unbewusst Feedback zu dem, worauf Kinder aufmerksam werden. Entweder durch eine Reaktion oder durch Nichtreagieren. Bereits kleine Kinder sind normalerweise gut darin, unsere Reaktionen zu deuten. Sie bemerken schnell, ob das, was sie entdeckt haben, interessant und der weiteren Aufmerksamkeit würdig ist. Auf diese Weise lernen Kinder, was wertvolles Wissen und was unwichtig ist. Wir beeinflussen also, auf was das Kind in Zukunft seine Aufmerksamkeit richten wird.

Mit der Unterstützung des Erwachsenen weiten Kinder ihre Aufmerksamkeit aus und lernen, sie zu kontrollieren. Die Aufmerksamkeit von Kindern auszuweiten erfüllt eine enorm wichtige Funktion, da das Aufmerksamkeitssystem in vielerlei Hinsicht eine Tür zum Erwerb von Wissen ist. Wir müssen also darüber nachdenken, worauf Kinder ihre Aufmerksamkeit richten sollen. Was ist wichtig zu beachten, worauf sollten sie reagieren? In ihrer unmittelbaren Umgebung, in der Welt, im Zusammensein mit anderen. Bei welchen Aspekten der Sprache kann ich das Kind unterstützen, damit es seinen Fokus darauf richtet? Sind es neue Wörter und neue Ausdrücke? Sind es erfolgreiche Methoden der Konfliktlösung und Formen des Zusammenseins? Was halten Sie und Ihre Kolleginnen für wichtig, was muss die Gruppe lernen, um ihre Aufmerksamkeit entsprechend auszurichten?

Widersprüche beachten

Dass das Gehirn Muster gut erkennen kann, wissen wir. Wir müssen jedoch auch gut darin werden, unsere Aufmerksamkeit auf das Unerwartete zu richten. Auf das, was von dem Erwarteten abweicht und uns überrascht. Auf das, was die Ausnahme von der Regel darstellt – also das Widersprüchliche.

Widersprüche zu erkennen kann uns dabei helfen, kritisch zu denken, Probleme zu analysieren und aufzudecken. Betrachten Sie folgende Beispiele:

- Nach dem Vorlesen stellt die Erzieherin den Kindern inhaltliche Fragen. Als sie fragt, ob im Buch etwas Seltsames vorkommt, antwortet ein Mädchen: „Im Buch stand, dass man eine gute Freundin sein soll, aber weil Lisa Ted verlässt, obwohl er Hilfe benötigt, denke ich, dass sie eine schlechte Freundin ist.

- Während der Teamarbeit zum Thema Wasser stellt ein Kind fest: „Wasser verdunstet bei Wärme. Der menschliche Körper besteht aus superviel Wasser, sodass wir schrumpfen, wenn es im Sommer heiß draußen ist. Können wir schrumpfen?“

Die inhaltlichen Fragen sind wichtig, um Kinder dabei zu unterstützen, das Unerwartete und Überraschende zu entdecken und zu beachten. Zunächst fungieren Ihre Fragen als unterstützende Strukturen, aber auf lange Sicht wird das Kind sie im Denken ständig berücksichtigen. Beispiele für solche Fragen sind:

- Was ist dir aufgefallen?
- Gibt es etwas, das dir hier seltsam vorkommt?
- Habt ihr etwas Widersprüchliches entdeckt?
- Gab es etwas, das dich überrascht hat?

Als Pädagogin wollen Sie, dass Kinder lernen, ein Gefühl von Überraschung zu erkennen und es zu beachten, da es ein guter Hinweis auf widersprüchliche Muster oder abweichende Theorien ist. Es hilft Kindern, ihr Denken zu entwickeln und schließlich Meister im Vergleichen, Analysieren und Ziehen von Schlussfolgerungen zu werden. Wenn wir Kinder darüber hinaus dazu ermutigen können, dies gemeinsam in der Gruppe zu tun, ist es sogar noch besser. Dann können sie von den Gedanken der anderen profitieren, um ihre eigenen zu entwickeln. Im Lpfö 18 heißt es:

> *Bildung muss die Achtung der Menschenrechte und der demokratischen Grundwerte, auf denen die schwedische Gesellschaft beruht, vermitteln und verankern.*
>
> *(LPFÖ 18, S. 5)*

Wenn wir wollen, dass Kinder als erwachsene Teilnehmer in einer demokratischen Gesellschaft fungieren, müssen wir anfangen, demokratische Gespräche zu führen, wenn sie noch jung sind. Kinder sollen ihre Gedanken austauschen und dadurch einen respektvollen Umgang lernen. Sie sollen sich mit Zusammenarbeit und sozialer Problemlösung auseinandersetzen. Die Gedanken und Meinungen aller Mitmenschen dürfen sich entwickeln, können einander bereichern und müssen respektiert werden, auch wenn sie nicht in allen Bereichen übereinstimmen.

Muster beachten

Genauso, wie man lernen kann, sich des Gefühls der Überraschung und des Widerspruchs bewusst zu werden, ist es möglich, sich des Gefühls bewusst zu werden, Muster im Erlebten zu sehen und wiederzuerkennen. Bereits kleine Kinder können Zusammenhänge zwischen Ereignissen, ihren eigenen Erfahrungen und den Erfahrungen anderer oder Mustern in der Welt rund um sie herum erkennen. Ein Beispiel: Füchse und Wölfe haben häufig verschlagene und böse Rollen inne, denn in der Welt der Märchen sind sie meist listig, unzuverlässig oder bösartig. Ein Zweieinhalbjähriger überraschte mich einmal, als er nach dem Vorlesen des Buches *Peter und der Wolf* sagte: „Ich habe Angst vor dem Wolf. Der ist blöd. Er betrügt. In *Rotkäppchen* ist der Wolf auch blöd."

Ein anderes Beispiel: Kinder finden häufig wiederkehrende Muster in Symbolen, Dingen oder Bildern in Märchen und Büchern. Die Tatsache, dass sich am Armaturenbrett im Auto ein Knopf mit einem Warndreieck befindet, kann beim Kind Wiedererkennung und eine neugierige Frage auslösen, wenn es eines Tages hinter einem Auto am Straßenrand ein Warndreieck sieht. Ältere Kinder können lernen, Ereignisse in der Umwelt mit Ereignissen in ihrem eigenen Leben zu verknüpfen. Wenn Kinder in den Nachrichten hören, wie Länder Mauern bauen, um Menschen auszusperren, können sie es damit in Verbindung bringen, wenn jemand in der Kita ausgeschlossen oder ausgegrenzt wird. Zu lernen, Dinge wiederzuerkennen und Schlussfolgerungen zu ziehen, ist wichtig, um viele der Fähigkeiten zu entwickeln, die Kinder benötigen, um erfolgreich lernen zu können.

Sprache und Vorstellungskraft

Der Mensch ist wahrscheinlich das einzige Lebewesen, das verbal denken kann. Unser Denken kann auch auf andere Weise stattfinden, aber die Sprache ist zweifellos ein wirksames Denkinstrument, das uns hilft, unsere Umgebung zu verstehen, zu kategorisieren und Schlussfolgerungen zu ziehen. Wenn kleine Kinder für sich alleine spielen, kann man ihnen oft dabei zuhören, wie sie ihr eigenes Spiel steuern, indem sie laut mit sich selbst sprechen. Dabei handelt es sich um die „Sprache der Gedanken", die Kindern hilft, sich das Spiel vorzustellen und es Wirklichkeit werden zu lassen. Die Sprache hilft dabei, dass es „echter" wird.

In einigen Fällen ist es notwendig, die Sprache als Denkwerkzeug zu verwenden, beispielsweise wenn wir komplexe Aufgaben ausführen, wie viele Anweisungen gleichzeitig im Kopf zu behalten. Oder um eine Diskussion zu führen oder eine argumentative Schreibaufgabe auszuführen. Indem wir mit uns selbst argumentieren, können wir uns einer Aufgabe annähern oder uns von ihr distanzieren, unterschiedliche Blickwinkel ausprobieren oder für verschiedene hypothetische Standpunkte argumentieren.

Sich etwas vorzustellen bedeutet, das Hier und Jetzt zu verlassen und in eine Parallelwelt des Dort und Dann einzutreten, in der die Möglichkeiten grenzenlos sind und die Fantasie frei fließen kann. Zu träumen kann bedeuten, eine Rolle zu übernehmen, sich innere Bilder und Welten vorzustellen und zu erschaffen oder in komplexen Denkprozessen mit hypothetischen Ereignissen, Ursachen und Konsequenzen zu denken. Was wäre, wenn ich es so oder so machen würde? Was können die Konsequenzen sein, wenn ich es so mache? Und wie könnte ich es stattdessen tun?

Vorstellungskraft ist eine selbstverständliche und wichtige Zutat im Spiel und lässt sich durch Sprache und Kommunikation mit anderen teilen. Spielkameraden können durch Mimik oder Körpersprache in das Gefühl des Spiels einbezogen werden, doch um ihnen den Plan für eine Handlungskette mitzuteilen, ist Sprache erforderlich. Der Plan muss in Worte gefasst werden, um ihn so zu vermitteln, dass andere ihn verstehen.

Fantasie und Vorstellungskraft werden durch umfangreiche äußere Erlebnisse gefördert und angeregt. Kinder, die im Spiel mit Gleichaltrigen auf viele, umfangreiche Erfahrungen zurückgreifen können, haben es leichter, diese Erfahrungen in Spiele und Fantasie umzusetzen. Wenn Kinder einen kleineren „Erfahrungsrucksack" haben, kann es sein, dass ihre Ideenwelt eingeschränkter ist.

Sprache ist das entscheidende Werkzeug für Kinder, um ihre innere Welt und ihre inneren Bilder nach außen zu tragen und für ihre Spielgefährten zu übersetzen. Auf diese Weise wird Sprache zum Schlüssel, um sich mitzuteilen und an den inneren Bildern und Erfahrungen anderer Menschen teilzuhaben. Sprache und Kommunikation bauen Brücken zwischen den Gedanken und Gefühlen von Menschen. Wenn wir ein Wort hören, werden die Erfahrungen und das Wissen zu genau diesem Wort aktiviert. Die Gedanken, die in uns entstehen, repräsentieren die Bilder und Erfahrungen, die wir zu diesem Wort haben. Es ist wahrscheinlich, dass wir ein Bild sehen oder ein Gefühl für das Objekt oder den Begriff vor unserem inneren Auge verspüren. Auf diese Weise fungiert die Sprache als Brücke zur eigenen Vorstellungskraft.

Als Gesprächspartner für Kinder ist es für Sie wichtig zu verstehen, wie sehr Ihre eigene Sprache das Denken der Kinder beeinflusst.

Indem wir ihre Erfahrungen und Erlebnisse in Worte fassen, ermöglichen wir die Sprache, die notwendig ist, damit Kinder in einer späteren Phase Fantasie und Vorstellungskraft in Handlungen umsetzen können. Ihr Spiel entwickelt sich, indem wir ihre Sprache entwickeln. Diese wiederum entwickelt sich dadurch, dass wir das Wissen um unsere eigene Sprache und darum, wie wir uns als sprachliche Vorbilder für Kinder verhalten, vertiefen.

Imagination und „Einbildung" – Erfahrungen durch Bücher

Umfangreiche Erfahrungen mit der Außenwelt wirken sich positiv auf die Vorstellungskraft und den Wortschatz aus, vorausgesetzt, jemand fasst diese Erfahrungen in Worte. Es besteht ein Zusammenhang zwischen dem frühen Vorlesen und der Aktivierung von Bereichen im Gehirn, die mit dem Sprachverständnis und der inneren Vorstellungskraft verbunden sind. Interessant ist, dass Vorlesen die gleiche positive Wirkung auf die Vorstellungskraft zu haben scheint wie umfangreiche Erfahrungen mit der Außenwelt. Das Vorlesen bietet dem Kind Erfahrungen, selbst wenn sie in einer fiktiven inneren Welt anstatt in der physischen Welt stattfinden.

Ein Kind, dem häufig vorgelesen wird, erhöht seine Fähigkeit, sich in die Geschichte einzuleben und sich in die Charaktere einzufühlen. Genau wie bei Gesprächen über physische Erlebnissen im wirklichen Leben erhält das Kind auch beim Vorlesen die Möglichkeit, die Sprache zu meistern, die erforderlich ist, um seine eigenen Welten und Bilder für andere zum Leben erwecken zu können. Ein zusätzlicher Gewinn durch das Vorlesen besteht darin, dass es der Kindergruppe gemeinsame Erlebnisse bietet. Alle Kinder erleben das Gleiche, und dies bietet Material für gemeinsame Vorstellungen und Fantasien. Wenn alle Kinder das gleiche Märchen oder die gleiche Geschichte zu hören bekommen, kann sich daraus ein gemeinsames Spiel entwickeln. Die Erfahrungen aus den Märchenwelten bilden eine gute Plattform, auf der Kinder ihre Vorstellungen austauschen und auf der sie miteinander aufbauen können.

Wenn Kinder die Geschichte in ihrem eigenen „inneren Raum" erleben, erschaffen sie Bilder. Sie nutzen dazu ihre Vorstellungskraft. Und wenn es darum geht, sich innere Bilder zu erschaffen und vorzustellen, ist Vorlesen eine kraftvolle und nie endende Quelle.

Fantasieren und erfinden

Wenn Kinder mit Aufgaben konfrontiert sind, bei denen sie Hypothesen aufstellen, argumentieren oder über eine Idee nachdenken sollen, stellt dies hohe Anforderungen an ihr Vorstellungsvermögen, die Fähigkeit zur Nutzung ihrer Fantasie und zum Denken aus verschiedenen Perspektiven. Dabei handelt es sich um eine sehr fortgeschrittene Form des Denkens, deren Grundlagen bereits in der Kita gelegt werden. Für das kleine Kind kann dies bedeuten zu verstehen, dass Dinge, die im Moment nicht sichtbar sind, trotzdem existieren. Für ein älteres Kind heißt es vielleicht zu verstehen, dass es unterschiedliche Lösungen für ein Problem gibt und dass die Ergebnisse und Konsequenzen dieser alternativen Lösungen unterschiedlich aussehen können. Die Fähigkeit, sich das Abstrakte, das Unsichtbare und das noch nicht Existierende vorzustellen, ist wesentlich für das Lernen, die Kreativität und die Fähigkeit zur Problemlösung.

Indem Kinder sich vorstellen, was hier und jetzt nicht existiert, indem sie Dinge erfinden und die Fantasie beim Spielen und Sprechen einsetzen, trainieren sie diese Fähigkeiten. Einige Kinder sind von Natur aus einfallsreich und können ihre Fantasien gut ausdrücken, während andere es möglicherweise üben müssen. Manchmal sind erwachsene Vorbilder notwendig, die den Weg weisen, indem sie selbst in die wilden Welten der Magie und Fantasie eintauchen. Es gibt viele Spiele und Aktivitäten, die die Vorstellungskraft und die Fähigkeit, Vorstellungen in Worte zu fassen, trainieren. Ein großer Teil der Spiele für Kinder schafft natürliche Lernsituationen und fordert Fantasie und Vorstellungskraft heraus. Erzieherinnen können mit den Kindern Rollenspiele spielen oder Requisiten und Bilder verwenden, um Geschichten und Welten zu erschaffen. Sie können Bilder malen und diese zu einer Geschichte verknüpfen oder Objekte bauen und über deren Namen und Funktion fantasieren. So sind die pädagogischen Fachkräfte Vorbilder, indem sie selbst ausgedachte Geschichten erzählen oder selbst erfundene Spiele spielen.

Als Pädagogen sind wir ein Werkzeug für die Fantasie der Kinder. Indem wir in die Fantasiewelten eintauchen und die Geschichten der Kinder aufschreiben, zeigen wir, dass es wichtig und wertvoll ist zu fantasieren. Die Fantasie ist eine Bereicherung für das Spiel, und sie ist es wert, immer wieder angehört und erzählt zu werden. Mit der Zustimmung der Kinder können wir auch anderen die Geschichten vorlesen und erzählen. Auf diese Weise geben wir einen Einblick in die Magie der Schriftsprache – und stellen den Kindern Geschichten und Stimmen jenseits des Hier und Jetzt zur Verfügung.

„Die Grenzen meiner Sprache sind die Grenzen meines Universums."
LUDWIG WITTGENSTEIN

Das Planen der Sprachentwicklung – Qualität und Quantität

Unabhängig von der Fähigkeit des Kindes zum Spracherwerb bestimmt die Menge an Sprache, die ein Kind erwirbt, wie viel Sprache es lernt. So viel wie Kinder sprechen dürfen, so viel lernen sie zu sprechen – ausgehend von ihren eigenen Voraussetzungen. Aufgrund dieser Voraussetzungen haben manche Kinder mehr Schwierigkeiten, Sprache zu erlernen, als andere. Dann bestimmen die Quantität und Qualität der Gespräche, an denen diese Kinder teilnehmen, wie weit sie in ihrer Sprachentwicklung kommen.

Zu diesem Thema bietet sich der folgende Vergleich an: Wenn Sie an einem Kurs teilnehmen, können Sie nicht erwarten, ihn mit einer guten Note zu bestehen, wenn Sie nicht die Möglichkeit erhalten, ihn komplett zu absolvieren. Ihre Teilnahme muss außerdem freiwillig erfolgen. In der Kita-Praxis heißt das: Wir sollten nicht erwarten, dass Kinder lernen, wenn wir nicht zuerst die Voraussetzungen für gutes Lernen schaffen. Diese Argumentation gilt vor allem für das Erlernen von Sprache.

Die überwiegende Mehrheit der Kinder lernt Sprache mit scheinbarer Leichtigkeit, auch wenn hinter dem Fortschritt viel Zeit, Mühe und Konzentration stecken. Dieses Lernen erscheint häufig mühelos, doch wir machen uns selten Gedanken darüber, wie der „Kurs“ für Kinder aussieht. Wir sprechen einfach miteinander und interagieren, ohne viel darüber nachzudenken, wie wir es tun. Was wir aber nicht vergessen sollten, ist, dass die Tiefe der Gespräche, die Menge der Wörter, die wir verwenden, und die Art und Weise, wie wir abstrakte Begriffe nutzen, sowie die Komplexität der Sprache von großer

Bedeutung dafür sind, wie das Kind themenspezifische Sprache aufnimmt und dadurch sein Wissen entwickelt.

Wir treffen auch auf andere Kinder, bei denen sich die Sprache verzögert oder nicht wie erwartet entwickelt. In diesen Fällen müssen wir umso mehr darüber nachdenken, wie wir den „Kurs" einrichten. Vielleicht benötigt das Kind viel Struktur, um sich in Gesprächen konzentrieren zu können. Oder es braucht mehr Zeit, um sich Sprache anzueignen. Manchmal müssen wir akustische oder visuelle Hilfsmittel verwenden, um den Kurs an die Voraussetzungen des Kindes anzupassen. Einige Kinder brauchen im Rahmen des Kurses eine Form von „Förderunterricht", möglicherweise mithilfe eines Sonderpädagogen oder einer Logopädin.

Unabhängig davon bleibt die Tatsache bestehen: Das Ergebnis der Sprachentwicklung eines jeden Kindes entspricht dem Ergebnis unserer Sprachstimulation. Es gibt keine Höchstgrenze dafür, wie viel Sprache ein Kind lernen kann. Stattdessen sind es die Zeit und die Menge der Anreize, die die Sprachentwicklung einschränken. Quantität kommt der Sprachentwicklung zugute – sofern die Qualität ausreichend gut ist.

Die Sprachproduktion planen

Sich ein Wort zu erobern ist ein Prozess, der lange dauern kann. Es gibt relativ wenige Wörter, die wir bei der ersten Gelegenheit lernen. Die meisten Wörter müssen wir in verschiedenen Kontexten verstehen und in unterschiedlichen Zusammenhängen ausprobieren. Deshalb reicht es nicht aus, Kindern ein Wort zu erklären – das ist nur der erste Schritt. Anschließend muss das Kind das Wort in verschiedenen Kontexten hören und es einige Male selbst verwenden, bevor wir erwarten können, dass es das Wort wirklich verstanden und sich zu eigen gemacht hat. Die neuen Begriffe, die wir dem Kind vorstellen, soll es nach Möglichkeit in natürlichen Zusammenhängen beim Zusammensein und Spielen mit anderen verwenden.

Wie Kinder die Sprache, die wir ihnen präsentieren, verwenden, ist ein wichtiger Aspekt. Ein Beispiel: Wir können ihnen die Requisiten, die wir beim Vorlesen verwenden, zum Spielen zur Verfügung stellen, sodass sie die Geschichte jederzeit und überall nachspielen können. Das Gleiche gilt für Materialien, die wir für Themen- oder Projektarbeiten nutzen.

Wenn wir Aktivitäten, Themen und Projekte planen, können wir gleichzeitig festlegen, welche Wörter sich die Kinder erobern sollen. Es können sowohl themenspezifische als auch allgemeine Begriffe sein. Noch wichtiger ist es, Routinen und alltägliche Handlungen zu hinterfragen, um sicherzustellen, dass diese verschiedenen Situationen ein großes Sprachrepertoire enthalten. Welche Wörter und Begriffe können wir beim An- und Ausziehen verwenden? Beim Toilettenbesuch und Windelwechseln? Und wie stellen wir sicher, dass die Kinder die neuen Begriffe und Ausdrücke bei der Gruppenarbeit oder beim Spielen selber benutzen? Ein weiterer Ansatz besteht darin, die verschiedenen Umgebungen in der Kita durchzugehen, um zu inventarisieren, welche Wörter und Begriffe an den einzelnen Orten sichtbar sind. Das können Spielsachen, Möbel oder technische Gegenstände sein. Schließen Sie auch Synonyme mit ein und denken Sie daran, dass sich die von uns verwendete Sprache im Laufe der Zeit verändert.

Bei der Planung ist es von Vorteil, alle Wörter und Begriffe aufzuschreiben, damit Sie die Liste während des Projekts oder im Laufe des Halbjahres als Erinnerungsstütze verwenden können. Welche Wörter und Begriffe haben die Kinder benutzt und welche haben sie sich noch nicht angeeignet?

Sobald die Bestandsaufnahme der Begriffe abgeschlossen ist, ist es einfacher zu verfolgen, wie die Kinder ihren Wortschatz entwickeln. Sie haben eine größere Chance, die Wörter zu hören und die Begriffe auch zu verstehen, wenn die Erzieherinnen sie häufig anwenden. Außerdem kann die Pädagogin die Kinder ermutigen oder daran erinnern, die Begriffe selbst zu verwenden.

Das Sprachniveau anheben

Es hat große Auswirkungen auf die Sprachentwicklung von Kindern, wenn Erwachsene ihr eigenes Sprachniveau anheben. Wenn Erzieherinnen zu sehr darauf bedacht sind, dass alle verstehen, was sie sagen, besteht die Gefahr, dass sie sich in den Gesprächen unter das Sprachniveau der Kinder begeben. Dann kann sich die Sprache des Kindes nicht weiterentwickeln.

Anstatt überdeutlich zu werden, müssen wir uns bemühen, die sprachliche Komplexität und den Wortreichtum aufrechtzuerhalten. Natürlich müssen wir Wörter und Begriffe erklären, wenn Kinder eine Erklärung benötigen. Wir sollten aber auch für die Kinder, die in ihrer Sprachentwicklung stärker gefordert werden müssen, das Sprachniveau deutlich anheben. Es geht also darum, eine umfangreiche und komplexe Sprache zu verwenden und an den richtigen Stellen Erklärungen zu geben.

Um die Aufgabe zu erfüllen, die Sprache der Kinder ständig weiterzuentwickeln, müssen Sie zunächst sicherstellen, dass Sie auch Ihre eigene Sprache ständig weiterentwickeln. Das erfordert nicht nur, dass Sie sich bewusst sind, welche Sprache Sie verwenden, sondern auch, welche Sprache Sie nicht verwenden. Häufig ist das Sprachniveau der pädagogischen Fachkräfte zu simpel, unabhängig vom Alter der unterrichteten Kinder. Wir verwenden zu wenige Begriffe und die ganze Zeit die gleichen Wörter. Die Sätze sind zu kurz und grammatisch nicht komplex. Deshalb müssen wir unseren Wortreichtum vermehren, die Länge der Sätze und ihre Komplexität erhöhen, indem wir beispielsweise mehr Nebensätze verwenden.

Den Wortreichtum vermehren

Wenn wir vorhaben, den Wortschatz und Begriffsvorrat der Kinder im Alltag zu fördern, kann es hilfreich sein, die Wörter, die wir verwenden möchten, sichtbar zu machen. Das erinnert uns daran, sie auch wirklich zu verwenden. Eine Möglichkeit besteht darin, Wort- und Begriffslisten an den Wänden aufzuhängen.

Die folgenden Listen sind Beispiele aus einer Arbeit an einem Gesundheitsprojekt. Dabei ging es unter anderem um Lebensmittel und um die verschiedenen Körperteile und -funktionen.

MAHLZEIT

Frühstück	Teller		
Früchtesnack	tiefer Teller		
Lunch/Mittagessen	Beilagenteller		
Zwischenmahlzeit	Messer	stumpf	scharf
Abendessen	Gabel	glänzend	matt
Den Tisch decken	Löffel	Teelöffel	
Den Tisch abräumen	Besteck	stumpf	spitz
Küchenrolle	Griff		
Glas/Tasse/Becher	Schneidebrett		
Buttermesser	teilen		

Käsehobel	ganz	halb	
Topf	Viertel	Achtel	
Schale	kleiner als		
Schüssel	größer als		
Backblech	klein	kleiner	am kleinsten
Suppenteller	groß	größer	am größten
Kelle	Krug/Kanne		
Saucenlöffel			
Eierschneider	Topfhandschuh/Topflappen		

DAS GESICHT

Stirn	Schläfen
Augen	Augenbrauen
Augenlider	Wimpern
Pupille	Augenwinkel
Nase	Nasenrücken
Nasenlöcher	
Wangen	
Kinn	
Mund	
Oberlippe	Unterlippe
Zähne	
Unterkiefer	Oberkiefer
Gaumen	
Zunge	
Luftröhre	Speiseröhre
Haut	Haare
Falten	Muttermal
Sommersprossen	Grübchen

DER KÖRPER

Muskeln	
Gelenke	
Schultern	Hintern
Nacken	Hüften
Hals	Oberschenkel
Brust	Knie
Bauch	Waden
Taille	Fußknöchel
Nabel	Sprunggelenke
Arme	Füße
Ellenbogen	Fußsohle
Achselhöhle	Ferse
Handgelenk	
Handfläche	
Handrücken	
Faust	
Handknöchel	

Ein anderer Ansatz besteht darin, mit Begriffslisten zu arbeiten, in denen wir verschiedene Kategorien der Sprache sowie über- und untergeordnete Begriffe sichtbar machen. Im Eingangsbereich einer Kita, in der mit einem Outdoor-Pädagogik-Profil gearbeitet wird, hängen folgende Listen:

KLEIDUNG

OBERBEKLEIDUNG	ZWISCHENSCHICHT
Jacke	Fleecejacke
Thermohose	Fleecepullover
Overall	Fleecehose
Überziehhose	gestrickte Wolle
Regenjacke	
Regenhose	
Mantel	**UNTERWÄSCHE**
Rock	lange Unterhose
Außenjacke	Longsleeve
Außenhose	Unterhose

Hier wird auch mit erhöhtem Wortreichtum gearbeitet, basierend auf dem Detailgrad der Kategorien, beispielsweise:

Handschuhe	Wollhandschuhe
bestickte Handschuhe	fingerlose Handschuhe
Fingerhandschuhe	Gartenhandschuhe
Fausthandschuhe	Lederhandschuhe
Regenhandschuhe	Thermohandschuhe

Kategorien und Nuancen von Wörtern

Es ist auch möglich, mit Wortreichtum zu arbeiten, indem man sich auf Nuancen von Wörtern oder Kategorien konzentriert. Das folgende Beispiel stammt aus einer Aktivität zum Thema Gefühle und gegensätzlichen Begriffen.

froh	begeistert	enttäuscht
fröhlich	motiviert	mürrisch
glücklich	interessiert	genervt
euphorisch	engagiert	wütend
zufrieden	konzentriert	frustriert
heiter	fokussiert	unsicher
aufgeregt	traurig	resigniert
gut gelaunt	niedergeschlagen	unmotiviert
fasziniert	unglücklich	desinteressiert
stolz	betrübt	gelangweilt
ausgeglichen	unzufrieden	unkonzentriert
eifrig	trübsinnig	unfokussiert

Für die pädagogischen Fachkräfte war es leicht, eine variantenreiche Sprache zu verwenden, wenn sie über Gefühle sprachen. Sowohl, weil sie über die mögliche sprachliche Vielfalt und den möglichen Wortreichtum nachgedacht hatten, als auch, weil sie Spickzettel an den Wänden hängen hatten, die sie daran erinnerten, bestimmte Wörter zu verwenden.

Wörter, die unseren Alltag beschreiben

Um das Niveau der gesprochenen Sprache zu verbessern und um schwierigere, herausforderndere und abstraktere Begriffe einzuführen, lohnt es sich zu überlegen, welche Möglichkeiten wir haben. Wie können die sprachlichen Variationen in unserer Tätigkeit aussehen? Es geht darum, den Alltag und das Lernen der Kinder mit vielen Nuancen und großem Wortreichtum zu beschreiben. Machen Sie ein Gedankenexperiment: Denken Sie zunächst darüber nach, was die Kinder an Ihrem Arbeitsplatz eigentlich den ganzen Tag über tun. Wenn wir diese Frage Eltern stellen, werden viele wahrscheinlich antworten, dass ihre Kinder spielen, essen, schlafen und lernen. Wenn wir eine Kollegin fragen, erhalten wir hoffentlich eine detailliertere und differenziertere Antwort: „Wir lesen, malen, bauen, arbeiten, kooperieren, entdecken, erschaffen, denken nach und vieles mehr."

Auf der nächsten Seite sehen Sie eine weitere, detailliertere Beschreibung unserer alltäglichen Tätigkeiten: eine Liste, die keineswegs vollständig ist, sondern weiter ausgefüllt werden kann. Sie enthält Wörter auf verschiedenen Detail- und Abstraktionsebenen mit Nuancen, die die Bedeutung verändern.

arbeiten	überlegen	nachdenken
diskutieren	sich unterhalten	kommunizieren
konstruieren	schreiben	lesen
zubereiten	reparieren	bauen
erfinden	programmieren	Fortschritte machen
lernen	studieren	spielen
zusammenarbeiten	experimentieren	prüfen
hören	riechen	fühlen
malen	erschaffen	laufen
klettern	töpfern	gestalten
kneten	zeichnen	abbilden
schreinern	erzählen	skizzieren
erkunden	so tun, als ob	prüfen
Hypothesen aufstellen	vorstellen	in Ordnung bringen
plaudern	zuhören	sich austauschen
kooperieren	trainieren	hüpfen
scheitern	überprüfen	versuchen
glauben	gelingen	wissen
schlussfolgern	bewegen	fühlen
analysieren	entdecken	bilden
Zusammenhänge sehen	fortschreiten	vorausschauen
vorhersagen	optimieren	sehen
beschreiben	formen	abschließen

Sowohl „bauen“ als auch „konstruieren“ oder in „Ordnung bringen“ wie auch „reparieren“ sind Wörter, die Kinder lernen müssen. Für Kinder gibt es keinen Schwierigkeitsgrad beim Erlernen neuer Wörter, außer dass einige möglicherweise schwierig auszusprechen sind. Die

Aussprache hindert sie jedoch nicht daran, die Bedeutung des Wortes zu lernen. Wortreichtum ist ein wichtiger Schlüssel zur Entwicklung der gesamten Sprache des Kindes und häufig auch der Schlüssel zum Lernfortschritt.

Machen Sie noch eine Gedankenübung: Wie läuft all diese Arbeit ab? Können Sie auf die gleiche Weise herausfinden, welche sprachlichen Variationen es in der Ausführung dieser Arbeit gibt?

zielgerichtet	hartnäckig	träge
ehrgeizig	kooperativ	inklusiv
rücksichtsvoll	flexibel	schnell
hilfreich	langsam	nachdenklich
eifrig	demokratisch	konzentriert
fokussiert	engagiert	motiviert
aktiv	fleißig	mutig
vorsichtig	stark	grazil
reflektierend	nachlässig	neugierig

Wenn Sie mit dem Wortreichtum arbeiten, ist es von großem Vorteil, mit den Erziehungsberechtigten zusammenzuarbeiten. Die häuslichen Verhältnisse und die Familienkultur von Kindern unterscheiden sich in vielerlei Hinsicht, auch insofern, dass sie in unterschiedlichen sprachlichen Kontexten leben. Unter den Erziehungsberechtigten gibt es große Unterschiede in Bezug auf Bildung, Hintergründe und sprachliche Fertigkeiten. Einige drücken sich auf andere Weise aus als mit Sprache. Manche Eltern beherrschen mehr als eine Sprache, andere sind einsprachig, sprechen aber interessante Dialekte. Vielleicht haben einige Eltern besondere Interessen, die einen Sprachreichtum eröffnen, der nicht zur Alltagssprache gehört. Ihre Aufgabe als sprachliches Vorbild ist, neugierig auf alle Sprachen und alle Formen der Kommunikation zu sein. Den Kindern vermitteln Sie diese Neugier, indem Sie beispielsweise Wörter in anderen Sprachen oder dialektale Wörter und Ausdrücke mit ihnen lernen.

Teilen Sie Ihr Wissen darüber mit, weshalb es wichtig ist, dass Erziehungsberechtigte ihren Wortreichtum an Kinder vermitteln. Hängen Sie die Wortlisten aus, die Sie verwenden, um sich selbst daran zu erinnern, welchen Wortreichtum Sie an die Kinder weitergeben wollen. Teilen Sie die Listen auf digitalem Wege oder drucken Sie sie aus und schicken Sie sie den Eltern nach Hause. So zeigen Sie den Erziehungsberechtigten, dass das Lernen von Wörtern und ein Reichtum an Worten ein wichtiger Teil der Entwicklung des Kindes sind und dass Kinder auch schwierige und abstrakte Begriffe lernen können. Sie zeigen den Erziehungsberechtigten auch, wie es in der Praxis aussehen kann, Wörter zu lernen. Darüber hinaus erhöhen Sie die Wahrscheinlichkeit, dass die Kinder zu Hause auf neue, spannende Wörter stoßen, wenn die Erziehungsberechtigten ebenfalls inspiriert sind, die Sprache ihrer Kinder herauszufordern.

Viele Erzieherinnen schreiben in ihrer Tätigkeit neue, auch spannende Wörter auf, auf die sie in Gesprächen, Büchern, Filmen oder anderen Zusammenhängen stoßen. Erstellen Sie zusammen mit den Kindern eine Mindmap, hängen Sie Bilder auf, die ein Wort konkretisieren und zeigen, was es bedeutet. Dokumentieren Sie Ihre Arbeiten in Ihrem digitalen Forum oder im Eingangsbereich der Kita, durch den die Erziehungsberechtigten jeden Tag hindurchgehen.

Neue Begriffe erleben

Ein neues Wort zu lernen ist ein Weg. Es ist ein Mythos, dass es schnell gehen würde – häufig braucht es Zeit, um ein neues Konzept zu lernen. Es reicht nicht aus, dem Wort nur einmal ausgesetzt zu sein oder es ein einziges Mal erklärt zu bekommen (selbst wenn diese Erklärung präzise und anschaulich ist). Einen neuen Begriff zu erlernen ist ein Prozess. Es geht darum, den Begriff zu verstehen, mit ihm zu experimentieren und ihn zu überprüfen. Das Verständnis von heute kann schon morgen nach einer neuen Erklärung, Erfahrung oder Diskussion ein wenig anders aussehen. Nuancen, die feinen Variationen der Sprache, brauchen lange, um erfasst zu werden. Es ist wichtig, selbst zu versuchen, Begriffe anzuwenden, die man in vielen verschiedenen Situationen und Kontexten gelernt hat, bevor man sich sicher fühlen kann, dass man sie verstanden hat und sie korrekt verwenden kann.

Ein Beispiel dafür ist ein Kind, das den Begriff „einschläfern“ gelernt hat. Das Kind hat verstanden, dass es um ein Tier geht, das beim Tierarzt stirbt. Als die Mutter des Kindes, die Jägerin ist, nach der Jagd im Wald mit einem Reh nach Hause kommt, sagt das Kind, dass das Reh eingeschläfert wurde. Das Kind probiert den neuen Begriff aus und verwendet ihn völlig logisch. Doch die Verwendung ist nicht ganz korrekt, da Tiere bei der Jagd nicht eingeschläfert, sondern erlegt werden.

Um Kindern das Erlernen neuer Begriffe zu erleichtern, können wir dafür sorgen, dass sie alle Sinne nutzen: den Sehsinn, den Tastsinn, den Geruchssinn, den Geschmackssinn. Oder dass sie sich bewegen und dadurch eine Erfahrung mit dem ganzen Körper machen. Wir können viele Möglichkeiten schaffen, die von uns eingeführten neuen Begriffe zu nutzen.

Nehmen wir einen gewöhnlichen Begriff wie „Freundschaft“. Er ist vielfältig, kompliziert und abstrakt. Er kann auf verschiedene Arten verstanden werden. Was ist Freundschaft? Wann weiß man, dass man mit jemandem befreundet ist? Ist es möglich, Freunde zu sein, ohne sich zu treffen? Was ist der Unterschied zwischen Freundschaft und Liebe? Die Überlegungen der Kinder (und der Erwachsenen) können knapp und präzise ausfallen oder ausschweifender sein. Dokumentieren Sie die Beschreibungen der Kinder mit Worten, Fotos, Bildern und Zitaten, und dokumentieren Sie andere Erfahrungen, die die Kinder mit dem neuen Begriff verbinden. Das erleichtert die Erinnerung und das Verständnis des Begriffs.

Auf solche Notizen können Sie leicht zurückgreifen, um zu sehen, wie die Kinder ihr Verständnis des jeweiligen Begriffs verändert haben. Es wird deutlich, wie sie ihn in verschiedenen Kontexten ausprobiert haben und wie es ihnen gelungen ist, den Begriff im richtigen Sinne zu verwenden. Wenn Sie Ihre Notizen im Abstand von einigen Wochen oder Monaten vergleichen, sehen Sie, wie sich das Verständnis im Laufe der Zeit entwickelt hat:

August: „Freundschaft ist, einen Kumpel zu haben.“
Oktober: „Freundschaft ist, mit einem Freund zusammen sein zu wollen und gut zusammen zu spielen.“
November: „Ich will ein guter Kamerad sein, denn dann wollen meine Freunde mit mir zusammen sein. Sie sind gute Freunde, deshalb will ich mit ihnen zusammen sein.“
Januar: „Man kann viele Freunde haben, und man muss keinen besten Freund oder eine beste Freundin haben, weil jemand ausgeschlossen werden kann. In unserer Kita dürfen alle mitmachen. Wir helfen uns gegenseitig, einander gute Freunde zu sein. Wenn mein Freund traurig ist, hole ich einen Erwachsenen.“

In der Dokumentation wird deutlich, dass das Kind bereits im August ein grundlegendes Verständnis des Begriffs „Freundschaft“ hatte, aber es dann noch erheblich weiterentwickelte und erweiterte. Es ist auch zu erkennen, dass das Kind die Synonyme „Kamerad“ und „Kumpel“ gelernt hat und dass der Begriff „beste/-r Freund/-in“ eine Bedeutung erhalten hat.

Die Anzahl komplexer Sätze erhöhen

Eine Sache ist sicher: Wenn wir wollen, dass Kinder vielfältige Sprecher werden, dann müssen wir ihnen die Möglichkeit geben, sich mit den komplexeren Teilen von Sprache auseinanderzusetzen. Jede Sprache enthält eine Reihe komplexer Ausdrücke und grammatischer Konstruktionen, die sich auf den ersten Blick fremdartig anfühlen können in dem Sprachgebrauch, von dem manche Menschen glauben, dass er Kindern gegenüber verwendet werden sollte. Andere wissen zwar, dass es wichtig ist, die komplizierteren Strukturen der Sprache anzuwenden, vergessen es aber.

Üblicherweise vereinfachen wir die Sprache in bester Absicht ein wenig, aber damit nehmen wir Kindern die Möglichkeit, sich in verschiedenen Kontexten damit auseinanderzusetzen, allmählich die Konstruktionen zu lernen und sie schließlich selbst verwenden zu können. Die Fähigkeit zum Spracherwerb ist im Vorschulalter am größten. Schon dann müssen Kinder komplexer Sprache begegnen. Eine vertraute Umgebung und vertraute Kontexte helfen dabei. Schwieriger ist es, komplexer Sprache in einem unbekannten oder neuen Kontext zu begegnen (beispielsweise in einem neuen Schulfach wie Physik oder Biologie). Ein Kind, das die komplexe Sprache bereits aus vertrauten Kontexten kennt, hat hier einen klaren Vorteil.

Auf den folgenden Seiten finden Sie einen Leitfaden. Mithilfe einer schematischen Übersicht können Sie als Erzieherin sich für jeweils eine oder mehrere Wochen oder ein ganzes Jahr jeweils auf eine Zielkonstruktion konzentrieren. Die Übersicht enthält grammatische Strukturen, die Kinder verstehen müssen, um an Diskussionen teilnehmen und schließlich Fachtexte in der Schule verstehen zu können. Dieser Fokus hilft Ihnen, das Anwenden der Konstruktionen zu üben. Dadurch können Sie eine neue Gewohnheit etablieren, die auf das spontane Sprechen übertragen wird. Es ist völlig natürlich, dass Kinder die Konstruktionen anfangs nicht verstehen. Aber mithilfe Ihrer Erklärungen und der Anwendung in verschiedenen Kontexten wird das Verständnis allmählich wachsen.

Wie oft beginnen Sie Ihre Sätze mit den folgenden sprachlichen Konstruktionen? Indem Sie die Anzahl der Sätze mit den Zielkonstruktionen erhöhen, sprechen Sie mit mehr Haupt- und Nebensätzen und mit einer differenzierteren Grammatik. Das kommt der Sprachentwicklung der Kinder zugute. Arbeiten Sie so strukturiert, wie Sie möchten. Manchmal kann es ausreichen, die Zielkonstruktionen in regelmäßigen Abständen durchzusehen, um festzustellen, ob Sie sie gegenwärtig im Gedächtnis haben.

Zielkonstruktion	Wann	Beobachtungen	Reflexionen
Da … *Beispiel: Da es draußen regnet, werden wir heute etwas früher hineingehen.*	*Woche 32–35*	*Die Kinder verstehen die Konstruktion ohne Probleme.*	*Gibt eine direkte Erklärung für Ursache und Wirkung. Deutlich!*
Dafür, dass … *Beispiel: Dafür, dass sie eine ganz kleine Maus ist, ist sie wirklich stark.*	*Woche 35–36*		
Aufgrund von … *Beispiel: Aufgrund des Sturms gestern haben wir heute einen Stromausfall in der Kita.*			
Weil … *Beispiel: Weil ich dich mag, will ich dir gerne helfen.*			
Indem … *Beispiel: Indem ihr zusammengearbeitet habt, habt ihr die Aufgabe schneller und einfacher gelöst.*			
Obwohl … *Beispiel: Obwohl wir das Rezept zweimal gelesen hatten, vergaßen wir, Backpulver hineinzutun.*			
Wenn … *Beispiel: Wenn wir mit den Randstücken beginnen, dann ist es einfacher, anschließend die Puzzleteile in der Mitte zu legen.*			
So … *Beispiel: So, wie du willst, dass sich deine Freundin dir gegenüber verhält, so solltest du dich auch deiner Freundin gegenüber verhalten.* *Beispiel: So vergeht ein Tag, und die Dunkelheit der Nacht legt sich über die kleine Stadt.*			
Wie … *Beispiel: Wie hungrige Löwen auf ihre Beute warten, warten wir darauf, dass das Essen aus der Küche kommt.*			
Wenn … *Beispiel: Wenn es regnet, ist es gut, Gummistiefel zu haben.* *Beispiel: Wenn wir in die Bibliothek kommen, schauen wir uns zuerst ein Theaterstück an.*			
Zu … *Beispiel: Zu lernen heißt, es immer wieder auf verschiedene Arten zu versuchen, bis man erfolgreich ist.* *Beispiel: Sich zu verlieben ist wie ein Zuhause zu finden, nachdem man sich verlaufen hat.*			
Wenn … *Beispiel: Wenn der Winter kommt, wird es Spaß machen, Schlitten zu fahren.* *Beispiel: Wenn die Katze weg ist, tanzen die Mäuse auf dem Tisch.*			
Bevor … *Beispiel: Bevor Mama dich abholen kommt, möchte ich, dass wir die ganze Malfarbe abwaschen.*			

Vorlesen

Lesen ist eine vielseitige Sprachentwicklungsaktivität, die in ihrer Gestaltung endlos variiert werden kann. Bücher beinhalten viel mehr und schwierigere Begriffe als unsere Alltagssprache, und Vorlesen lässt sich auf ganz andere Weise planen als Gespräche. Als sprachliches Vorbild ist es wichtig, dass Sie zeigen, dass Sie gerne lesen, dass Sie aktiv versuchen, sich dem Text zu nähern und ihn zu verstehen, dass Sie über das, was Sie lesen, nachdenken und dass Sie reagieren, wenn Sie auf etwas stoßen, das Sie nicht verstehen. Diese Lesestrategien sollten Sie auch den Kindern vermitteln.

Eine Grundregel lautet: Lesen Sie die Bücher, die Sie den Kindern vorlesen, immer zuerst selbst durch. Zunächst alleine und dann im Team. Gemeinsam können Sie überlegen, welche Begriffe Sie erläutern sollten. Einige müssen möglicherweise erlebbar gemacht werden, andere erklärt. Denken Sie auch darüber nach, wie Sie Kinder ermutigen können, die Begriffe nach dem Lesen selbst zu verwenden.

Für mehrsprachige Kinder ist es von großem Vorteil, wenn die Erzieherinnen schon im Voraus herausgefunden haben, wie einige wichtige, schwierige oder lustige Wörter in der Muttersprache der Kinder heißen. Davon profitieren auch die anderen Kinder, denn zusätzlich zum Lernen der Wörter kann ein Gespräch über verschiedene Sprachen und sprachliche Vielfalt stattfinden.

Sobald Sie das Buch gelesen haben, können Sie Reflexionsfragen planen. Vielleicht möchten Sie besonders interessante oder aktuelle Geschehnisse im Buch hervorheben und besprechen. Überlegen Sie sich auch verschiedene Möglichkeiten, um mit der Geschichte weiterzuarbeiten. Wenn Sie die Arbeit bewerten möchten, entscheiden Sie, wie und wann dies geschehen soll.

Was steht im Bücherregal?

Indem Sie Kindern vorlesen, geben Sie ihnen die Möglichkeit, ihre Sprache, ihre Fantasie und ihr Wissen zu entwickeln. Sie helfen ihnen, ihre Sicht auf die Welt zu erweitern und zu differenzieren. Doch Vorlesen zielt auch darauf ab, Kinder auf die lernbezogenen Anforderungen vorzubereiten, auf die sie in der Schule treffen werden. Es vermittelt ihnen die notwendigen Kenntnisse über unterschiedliche Genres und Texttypen. Verschiedene Autoren, Texte, Botschaften und Beschreibungen von Fantasie und Realität kennenzulernen, hat für Kinder natürlich einen Eigenwert. Es liefert aber auch wertvolles Wissen und hilft dabei, Verständnisstrategien zu entwickeln, auf die die Kinder in Zukunft zurückgreifen können, wenn sie neuen Texten begegnen.

Indem wir Kinder mit einer Fülle von Genres bekannt machen, bringen wir ihnen bei, was die Texte für einen Zweck haben und was sie beinhalten. Das führt dazu, dass sie allmählich verschiedene Erwartungen an Texte entwickeln. Beispielsweise erwarte ich in einem Rezept keine unterschiedlichen Handlungsoptionen. Stattdessen wird dort normalerweise eine ganz bestimmte Vorgehensweise beschrieben. In einem Kriminalroman über ein ungelöstes Verbrechen erwarte ich dagegen ausdrücklich Gedanken zu möglichen Vorgehensweisen, wahrscheinlichen Motive und Tätern.

Erwartungen zu haben und voraussagen zu können, worauf man in einem Text stoßen wird, ist ein Vorteil. So können wir verschiedene Strategien heranziehen, um den Text zu verstehen. Für Märchen sind beispielsweise andere Strategien erforderlich als für Sachtexte, und bei Poesie oder persönlichen Briefen ist es noch einmal anders. Märchen beginnen meistens mit „Es war einmal". Wenn Kinder diese einleitenden Worte hören, stellen sie sich darauf ein, auf einen bestimmten Typ von Inhalt und Text zu treffen. Es gibt andere Marker für andere Texttypen, die den Kindern helfen, sich zu orientieren und den Text zu verstehen.

Es ist ratsam, Kinder und ihre Erziehungsberechtigten zu ermutigen, während der gesamten Kita-Zeit verschiedene Texttypen miteinander zu lesen und darüber zu sprechen. Die meisten Eltern lesen ihren Kindern Erzählungen vor, doch mit Sachbüchern, Poesie, Rezepten, Comics und Briefen lässt sich das Leseerlebnis variationsreicher gestalten. Ermutigen Sie zu verschiedenen Genres, beziehen Sie die Kinder mit ein und lassen Sie sie selbst bestimmen, was sie lesen möchten. Es gibt kein qualitativ gutes oder schlechtes Lesen. Ein Genre kann das Tor zu einem anderen sein, das wiederum zum nächsten führt.

Kinder, die bereits im Vorschulalter auf verschiedene Genres treffen, haben es in der Schule leichter, zwischen verschiedenen Texttypen zu unterscheiden. Sie verwenden dann häufiger die individuell passenden Lese-, Schreib- und Verständnisstrategien. In den Heimatkulturen aller Kinder – unabhängig von ethnischer Zugehörigkeit, Religion, Muttersprache oder Geburtsland – kommen unterschiedliche Arten des Lesens vor, genau wie unterschiedliche Arten von Texten. Das bedeutet, dass einige Kinder bereits mit umfangreichen Kenntnissen darüber, wozu man Lesen und Schreiben anwenden kann, in Ihre Einrichtung kommen. Anderen Kindern fehlen hingegen diese wichtigen Erfahrungen. In der Kita können wir daran arbeiten, diese Unterschiede auszugleichen. Dabei gilt es auch, mit dem Zuhause der Kinder zusammenzuarbeiten. Ihre Arbeit wird erfolgreicher sein, wenn auch die Erziehungsberechtigten das gemeinsame Ziel kennen und mit Ihnen darauf hinarbeiten.

In vielen Kitas gibt es für die kleineren Kinder vorwiegend Märchenbücher. Für ältere Kinder stehen meist Märchen, Sachbücher und Detektivgeschichten zur Auswahl. Diese Genres können als Tor zu anderer Lektüre dienen, denn sie sind häufig spannend, regen die Fantasie an und wecken die Lust am Lesen. Doch wenn Kinder die Wahl haben, suchen sie häufig andere Arten von Büchern aus. Beispiele für weitere Texttypen sind:

Märchen	lustige Geschichten	Poesie
Verse	Kapitelbücher	Wörterbücher
Reime und Lieder	Sachtexte	Fabeln
Comics	Briefe	Rezepte
Tageszeitungen	Websites	Blogs
E-Mails	Lieder	Fantasy
Enzyklopädien	Rätsel	

Sie können nicht mit allen Genres gleichzeitig arbeiten, doch Sie sollten sicherstellen, dass Sie eine abwechslungsreiche Auswahl im Angebot haben. Ergänzen Sie Ihre Märchenbücher zum Beispiel durch Sachtexte, Gedichte, Enzyklopädien, Wörterbücher, Kapitelbücher, Rezepte, Fantasy und Tageszeitungen. Das ist leicht umzusetzen und hat kurz- und langfristig große Auswirkungen auf das Lese- und Lernverhalten von Kindern.

Erzählungen gemeinsam erschaffen

Eine wichtige Voraussetzung für das erfolgreiche Lesen- und Schreibenlernen von Kindern ist, dass sie den Zweck des Lesens und Schreibens verstehen. Warum macht man es und wofür ist die geschriebene Sprache gut? Kleine Kinder können zwar noch nicht selbst schreiben, aber Sie als Erzieherinnen sind das Werkzeug für ihre Schreibfähigkeit. Zeigen Sie den Kindern deutlich, was Sie selbst schreiben, wie Sie es tun, und lesen Sie dann vor, was Sie geschrieben haben, damit die Kinder ihre eigenen Wörter schriftlich festgehalten erleben können. Die meisten Kinder finden es unterhaltsam und inspirierend, kleine Erzählungen oder Sachtexte zu verfassen. Andere spannende Genres, die Sie schriftlich erkunden können, sind Briefe – die natürlich noch motivierender sind, wenn man eine Antwort darauf erhält – oder Rezepte, die gelegentlich gemeinsam zubereitet und probiert werden.

Als Erzieherin in der Kita können Sie sich Notizen machen, wenn die Kinder etwas zu den Zeichnungen, die sie angefertigt haben, erzählen. Allmählich schreiben die Kinder vielleicht ihren Namen, einzelne Wörter oder Teile des Textes selbst. Was als Bildersprache beginnt, kann sich dann langsam zu einer geschriebenen Sprache in Form vollständiger Comics, Märchen oder Geschichten mit Texten und Bildern entwickeln. Wenn eine Gruppe von Kindern zusammenarbeitet, kann sie mit Ihrer Hilfe Buchtitel, Rubriken oder einzelne Wörter schreiben. Das gemeinsame Wissen über Buchstaben und Buchstabenlaute ist in der Gruppe größer als bei jedem einzelnen Kind.

Wichtig ist, dass die Kinder alle ihre Sprachen schriftlich anwenden können. Ein Teil der Kinder hat eine andere Muttersprache. In diesen Fällen müssen Sie auf die Hilfe von Lehrern der Muttersprache, andere Mitarbeiter, die die Sprache des Kindes sprechen, oder vielleicht auf Eltern oder Geschwistern des Kindes zurückgreifen. Einige Kinder kommunizieren möglicherweise mit Bildern und sollten auch im Schreibprozess Zugriff darauf haben.

Das Leseverhalten erfassen

Auch beim Thema Lesen gilt in der Regel Folgendes: Kinder tun nicht das, was wir sagen – sie tun das, was wir tun. Es ist selten zielführend, Kindern zu sagen, dass sie lesen sollen. Besser ist, ihnen zu zeigen, dass Sie selbst lesen, was Sie lesen, weshalb Sie lesen und wie Sie lesen. Kinder müssen verstehen, wozu wir lesen und dass uns das Lesen positive Erfahrungen und Gefühle verschafft.

Kinder, die aus Familien mit vielen Büchern kommen, sind normalerweise bessere Leser als Kinder, die aus einem sprachlich ärmeren Umfeld stammen. Außerdem besteht für Kinder aus Familien mit niedrigem Bildungsniveau ein höheres Risiko, dass sie beim Lesen Probleme haben. Doch eine gute schriftsprachliche Umgebung in der Kita kann Mängel im familiären Umfeld ausgleichen. Mit diesem Wissen im Hinterkopf ist es logisch, dass wir unsere eigenen Aktivitäten kontinuierlich betrachten, um zu erkennen, was wir beeinflussen und verbessern können, wenn Kinder mit der schriftlichen Sprache in Berührung kommen.

Das Leseverhalten von Kita-Kindern lässt sich auf viele verschiedene Arten erfassen, je nach Fokus und Zweck. Im Folgenden finden Sie Fragen, die Sie sowohl im Team als auch im Gespräch mit Erziehungsberechtigten über das Lesen der Kinder stellen können. Der Zweck der Bestandsaufnahme ist es, sichtbar zu machen, wie die Arbeit mit Büchern und dem Lesen aussieht, damit die Kinder möglichst viele positive Begegnungen mit der Schriftsprache haben.

ALLGEMEINE BESTANDSAUFNAHME:

- Wie viele Bücher gibt es in der Lernumgebung der Kinder?
- In welchem Zustand sind sie?
- Wie sind die Bücher in den Abteilungen platziert?
- Zu wie vielen Büchern haben die Kinder Zugang?
- Wer wählt die Bücher aus? Wer kauft sie? Wer platziert sie innerhalb der Einrichtung?
- Wie wichtig ist das Buch als Erfahrung für die Kinder und als pädagogisches Werkzeug für die Erzieherinnen?
- Welche verschiedenen Genres gibt es in den Bücherregalen?
- Wie oft werden die Bücher ersetzt?
- Dürfen die Kinder sich Bücher wünschen, und werden sie an der Auswahl beteiligt?
- Wann haben die Erzieherinnen die Möglichkeit, sich in ein Thema zu vertiefen und neue Literatur zu finden?
- Haben Kinder und Erzieherinnen Kontakt zu einem auf Kinderbücher spezialisierten Bibliothekar?
- Haben Kinder und Erzieherinnen die Möglichkeit, eine Bibliothek zu besuchen? Oder einen Bücherbus?
- Sind die Erzieherinnen gute Vorbilder, wenn es um das Lesen und Besprechen von Büchern, die Reflexion und Lust am Lesen usw. geht?
- Wie werden die Erziehungsberechtigten in die Arbeit und die Ziele der Einrichtung hinsichtlich des Lesens involviert?
- Wissen die Erzieherinnen, welchen Kindern zu Hause vorgelesen wird? Wie häufig wird ihnen vorgelesen?
- Welche Kinder haben zu Hause Zugang zu Büchern?

EIN NORMALER TAG IN DER KITA:

- Wann wird gelesen?
- Wo wird gelesen?
- Wie viele Bücher werden vorgelesen? Von den Erzieherinnen? Von den Kindern selbst?
- Wie viel Zeit verbringt jede Erzieherin damit, den Kindern vorzulesen?
- Wie viele Bücher werden jedem einzelnen Kind vorgelesen?
- Haben die Kinder die Möglichkeit, die Initiative zum Lesen zu ergreifen? Dürfen sie sich ein Buch wünschen oder eines auswählen?
- Welche verschiedenen Genres wählen die Kinder?
- Welche Kinder bitten darum, vorgelesen zu bekommen?
- Gibt es Kinder, die niemals darum bitten, etwas vorgelesen zu bekommen? Woran könnte das liegen?
- Wie gehen die Kinder mit den Büchern um?

Die beiden letzten Fragen sind besonders wichtig, da es wahrscheinlich Kinder gibt, die den Spaß am Lesen noch nicht entdeckt haben, die Bücher meiden oder sich nicht für sie interessieren und die möglicherweise nie gelernt haben, mit Büchern umzugehen.

DIE ERZIEHERIN ALS LESENDES VORBILD:

- Zeigen die Erzieherinnen den Kindern, dass sie gerne lesen? Wenn nicht, wie könnten sie dies tun?
- Wie viel Zeit verbringen die Erzieherinnen selbst mit Lesen?
- Sprechen die Erzieherinnen mit den Kindern über das, was sie lesen?
- Sehen die Kinder, wie die Erzieherinnen in unterschiedlichen Kontexten und zu unterschiedlichen Zwecken lesen (z.B. Recherche,

Lesen zur Unterhaltung, Lesen von Rezepten, Lesen von Straßenschildern, Schreiben von Briefen/Mitteilungen/Postkarten, Lesen zur Entspannung)?

- Stellen die Erzieherinnen neugierige Fragen? Besprechen oder problematisieren sie das, was gemeinsam gelesen wird?
- Zeigen die Erzieherinnen, dass es verschiedene Arten der Interpretation und des Verständnisses gibt?

Wenn Sie in Ihrer Einrichtung auf die Suche nach Verbesserungsmöglichkeiten gehen, was die Lesetätigkeit betrifft, optimieren Sie die Möglichkeiten der Kinder, zu guten Lesern zu werden. Dadurch sind sie besser gerüstet für die Begegnung mit Texten und für den regulären Lese- und Schreibunterricht in der Schule.

Verschiedene Arten von Leseprotokollen

Möglicherweise denken Sie manchmal im Team darüber nach, ob allen Kindern in der Gruppe vorgelesen wird und ob alle es mögen. Einige Kinder bitten darum, dass ihnen vorgelesen wird – das macht es leicht zu verstehen, dass sie die Freude an Büchern entdeckt haben. Aber bei anderen Kindern kann man sich nicht sicher sein. Sie bitten möglicherweise nicht darum, dass ihnen vorgelesen wird, und haben vielleicht andere starke Bereiche, denen sie stattdessen ihre Zeit widmen. Einige Kinder haben womöglich Schwierigkeiten, still zu sitzen, und sind sowohl beim Vorlesen als auch bei anderen Zuhöraktivitäten unkonzentriert. Ein Leseprotokoll kann helfen, festzustellen, welchen Kindern vorgelesen wird, welche Kinder die Initiative ergreifen und welche Kinder das Lesen konsequent vermeiden.

Beobachten Sie, welche Kinder wie häufig die Initiative zum Lesen ergreifen und wie Sie sie erleben. Dokumentieren Sie Ihre Beobachtungen in einem einfachen Protokoll.

Woche 12	Initiative zum Lesen	Teilnahme
Ahmed	*III*	*Verliert schnell die Konzentration.*
Elton		*Sitzt nicht dabei. Spielt während der Lesestunde leise ein Stück weiter weg.*
Mo		*Hört konzentriert zu. Zeigt Gefühle, wenn der Text sie berührt.*
Bruno	*I*	*Will nicht mitmachen. Wird aber von anderen Bildern angezogen und will häufig die Bilder an den Wänden „lesen". Versuch des erzählenden Lesens in Büchern ohne Text?*

Beispiel 1 – Ahmed:

In Woche 12 nimmt Ahmed dreimal am Vorlesen teil, und jedes Mal war er derjenige, der die Initiative ergriffen hat. Doch er verlässt die Vorleserunde fast immer schon nach einem kurzen Moment. Warum? Vielleicht fühlt er sich von anderen Kindern gestört, die auch dabei sein wollen. Oder könnte es sein, dass die vorgelesenen Bücher etwas über seinem sprachlichen Niveau liegen und es ihm daher schwerfällt, den Inhalt zu verstehen? Die Erzieherinnen könnten sich noch einmal darüber austauschen, weiterhin ihre Beobachtungen dokumentieren und einen Weg finden, um Ahmed beim Zuhören und Lesen zu unterstützen.

Beispiel 2 – Elton:
Elton ergreift überhaupt keine Initiative zum Vorlesen. Er hat häufig kleine Lego-Männchen oder Ähnliches, mit denen er während der Lesemomente leise spielt. Vielleicht ist das seine Strategie, die gemeinsame Lesezeit zu verbringen? Die Frage ist, ob er gar nicht zuhört oder ob er tatsächlich aus der Ferne etwas von der Geschichte mitbekommt. Die Erzieherinnen könnten prüfen, ob er einen Nutzen aus den Lesemomenten zieht. Wenn nicht, sollten sie darüber nachdenken, wie sie sein Interesse am Lesen wecken könnten und welche Art von Texten ihn ansprechen könnte. Helfen könnte auch, mit Eltons Erziehungsberechtigten darüber zu sprechen, wie sich das Vorlesen zu Hause gestaltet.

Beispiel 3 – Mo:
Mo ergreift zwar keine Initiative zum Lesen, scheint aber die gemeinsamen Lesemomente zu mögen. Sie zeigt mit ihrer Mimik, dass sie sich in die Gefühle der Charaktere hineinversetzt. Möglicherweise ist Mo schüchtern und traut sich nicht, selbst um das Lesen zu bitten? Vielleicht muss sie mehr in die Auswahl von Büchern einbezogen werden? Weiß sie, wo sich die Bücher in der Kita befinden, und weiß sie, dass es in Ordnung ist, die Erzieherinnen zu fragen, ob sie ihr vorlesen?

Beispiel 4 – Bruno:
Bruno will nicht beim Vorlesen mitmachen, ergreift aber manchmal die Initiative zum Lesen. Er hört jedoch nicht bis zum Ende zu, sondern geht weg und macht stattdessen etwas anderes. Die Erzieherinnen bemerken, dass er sich häufig Bilder ansieht, die an den Wänden hängen. Sowohl Bilder als auch Fotos wecken sein Interesse. Möglicherweise hat Bruno keine ausreichenden Sprachkenntnisse, um von

den Büchern, die ihm vorgelesen werden, zu profitieren. Vielleicht wäre es besser, nicht ganze Texte zu lesen, sondern über die Bilder zu sprechen. So könnte Bruno durch etwas, woran er Interesse zeigt, die Art und Weise des Lesens steuern. Die Erzieherinnen könnten Bücher ohne Text und Bücher mit detailreichen Bildern ausleihen oder kaufen, um zu sehen, ob „erzählendes Lesen“ bei Bruno Spaß am Lesen weckt und zu Gesprächen führt.

Mithilfe von neugierigen Fragen mit klarem und abgegrenztem Fokus sowie einfachen Untersuchungen ist es möglich, eine verbesserte Leseumgebung in der Einrichtung zu schaffen. Das hilft Kindern, die Unterstützung beim Zuhören und Lesen benötigen.

Ein weiteres Modell zur Untersuchung des Vorlesens in der Kindergruppe besteht darin zu notieren, wie viele Bücher jedes Kind vorgelesen bekommt. Schreiben Sie dazu die Namen der Kinder auf, und machen Sie einen Strich für jedes gelesene Buch. Es ist von grundlegender Bedeutung, dass alle Kinder in der Einrichtung vorgelesen bekommen. Wenn Sie für einige Kinder besonders viel lesen möchten – beispielsweise für Kinder mit einer Sprachstörung, Kinder aus sprachlich schwächeren Familien oder Kinder, die neu in das Land gekommen sind und möglicherweise mehr Sprachstimulation durch Vorlesen benötigen –, ist es gut, diese Arbeit zu dokumentieren. Es liegt in der Verantwortung der Erzieherinnen, darüber nachzudenken, wie viele Bücher jedes Kind an einem Tag oder in einer Woche in der Kita vorgelesen bekommen soll. Sind Sie mit dem Ergebnis zufrieden, oder möchten Sie mehr Bücher pro Kind und Woche lesen?

Woche:	*4*	*5*	*6*	*7*	*8*	*9*	*10*	*11*	*12*	*13*
Kind:										
Siri	*II*	*I*		*III*	*II*	*I*		*IIII*	*I*	*IIII*
Ben	*I*	*II*	*II*	*I*	*III*	*I*	*II*	*IIII*	*I*	*I*
Diana		*II*	*I*	*II*	*III*	*III*	*I*		*II*	*III*
Alan	*I*	*II*	*III*	*I*	*II*	*II*		*I*	*IIII*	*I*
Marie	*III*	*I*	*I*	*II*	*I*	*II*	*III*	*I*		*II*
Nicki	*I*		*III*	*I*	*III*	*I*	*I*	*III*	*II*	*III*
Hussein			*I*	*IIII*	*III*	*III*	*II*	*II*	*I*	*I*
Ayla	*II*	*I*	*II*	*I*	*I*	*I*	*III*	*III*	*II*	*II*
Milo	*II*		*I*	*II*	*II*	*II*	*III*	*III*	*I*	*I*
Wanja	*III*	*I*		*IIII*	*I*	*I*	*I*	*I*	*II*	*III*
Celine	*I*	*I*	*III*	*II*	*IIII*	*IIII*	*II*	*II*	*I*	*II*
Marco	*III*	*I*	*I*		*II*	*II*			*IIII*	*I*
Mia		*II*	*III*	*II*	*II*	*II*	*II*	*II*	*II*	*IIII*

› Ein Leseprotokoll, das die Anzahl der Bücher zeigt, die jedes Kind in einem Zeitraum von zehn Wochen vorgelesen bekommt.

Aus der Dokumentation der Anzahl der gelesenen Bücher pro Kind in der obigen Tabelle geht hervor, dass die meisten Kinder regelmäßig etwas vorgelesen bekamen. Einige Kinder bekamen in manchen Wochen gar nichts vorgelesen, aber dafür kann es Ursachen geben, die außerhalb der Kontrolle der Erzieherinnen liegen, wie Krankheit oder Urlaub.

Diese Art der Dokumentation verdeutlicht, auf welche Kinder sich die Erzieherinnen besonders konzentrieren müssen. Ein Beispiel:

Hussein bekam während der ersten drei Wochen nur einmal etwas vorgelesen, doch die Erzieherinnen entdeckten das Muster und lasen ihm während der folgenden sieben Wochen umso häufiger etwas vor. Das führte dazu, dass Hussein insgesamt bei der gleichen Menge gelesener Bücher landete wie die anderen Kinder.

Wenn die Erzieherinnen die zehn Wochen, in denen sie das Protokoll verwendeten, zusammenfassen, so fällt vor allem Marco auf, der nicht so viele Bücher vorgelesen bekam wie die übrigen Kinder. Die Erzieherinnen sollten überlegen, warum das so ist und ob es in der Gruppe Kinder gibt, denen mehr vorgelesen werden sollte, damit sie ihre Sprache weiterentwickeln.

Wenn Sie den Blick eher auf die qualitativen Aspekte des Lesens mit den Kindern richten wollen, können Sie eine andere Art von Leseprotokoll verwenden, das den Lesemoment, die Reaktionen der Kinder, das Gespräch und die Reflexion beschreibt. Das kann auch hilfreich sein, um die in der Kita verwendete Literatur zu bewerten und zu schauen, von welchen Genres und Texten die Kinder mehr benötigen.

Reflexionsfragen planen

Wenn Sie wissen, worum es in einem Buch geht, und seine Charaktere und deren Eigenschaften und Motive kennen, ist es einfacher, das Buch mit Empathie und Dramatik vorzulesen. Sie wecken leichter das Interesse der Kinder, wodurch das Gelesene für mehr Kinder in der Gruppe zugänglicher wird. Es kann auch hilfreich sein, das Buch mit Blick auf seine Grammatik und Begriffe durchzugehen, um zu sehen, was erklärt, verarbeitet und konkretisiert werden muss. Durch diese Vorbereitung wird es leichter, Requisiten auszuwählen und auf inspirierende Art und Weise einzubinden. Das alles trägt auch dazu bei, dass mehr Kinder das Lesen annehmen können.

Wenn wir gemeinsam mit den Kindern über den Inhalt eines Buches nachdenken, sollten wir Fragen stellen, die sie dazu bringen, kritisch zu denken, Schlussfolgerungen zu ziehen und zwischen den Zeilen zu lesen. Wir möchten, dass sie sowohl Muster als auch Widersprüche entdecken. Es sind also keine Inhalts- oder Kontrollfragen, die das Denken der Kinder entwickeln, sondern reflektierende Fragen. Inhaltsfragen können natürlich in bestimmten Kontexten eine Funktion erfüllen. Sie können Details im Buch betreffen, beispielsweise: „Wie heißt das arme Mädchen in Sonnenau?“, oder: „Welche Farbe hatte der Vogel, der die Kinder nach Sonnenau führte?“ Auf diese Fragen gibt es nur eine richtige Antwort, und es braucht keine weitere Überlegung, um sie zu beantworten.

Beispiele für Reflexionsfragen sind: „Ich frage mich, warum der Mann gemein zu den Kindern ist ...“, oder: „Was meint ihr, passiert in Sonnenau, wenn die Tür geschlossen wird?“

Stellen Sie sinnvolle Reflexionsfragen, die sowohl zur Sprachproduktion einladen als auch mental herausfordern. Die Gespräche auf Grundlage dieser Fragen sollen sich frei entwickeln dürfen. Als pädagogische Fachkraft ist es nicht Ihre Aufgabe, das Gespräch in eine bestimmte Richtung zu lenken. Stattdessen sollten Sie als sprachliches Vorbild offen sein und Raum für eigene Gedanken und verschiedene Perspektiven schaffen. Das wird dazu führen, dass sich alle Gesprächsteilnehmer einbezogen fühlen.

Gruppe: Der Mond **Erzieherin: Pia**
Buch: „Sonnenau" von Astrid Lindgren

Das Gespräch: Die Kinder zeigen Empathie und Mitgefühl. Leo weint, wenn Kinder in der Schule gehänselt werden. Viele werden wütend auf den Bauern, weil die Kinder im Buch nicht anständig zu essen bekommen: „Der Körper braucht verschiedene Arten von Lebensmitteln, damit es ihm gutgeht."

Zuerst sind mehrere Kinder erschrocken darüber, dass die Kinder am Ende der Geschichte das Tor verschließen. Sie wissen, dass es sich niemals wieder öffnen lässt. Ich frage, was sie denken, warum die Kinder das Tor geschlossen haben:
„Sie wollen in Sonnenau sein."
„Sie wollen nicht mehr frieren."
„Sie sehnen sich nach einer Mama."

Auf die Frage „Was denkst du darüber, dass sie die Tür geschlossen haben?" gibt es unterschiedliche Antworten:
„Es war gut, jetzt geht es ihnen gut."
„Das war schlecht, man durfte sie nicht schließen!"
„Jetzt können keine anderen armen Kinder nach Sonnenau kommen."

Reflexion: Die Gruppe hört aktiv zu, alle denken nach und reflektieren. Viele der Kinder zeigen viel Einfühlungsvermögen! Sie hören einander im Gespräch zu. Es ist das erste Mal, dass ich so deutlich sehe, dass sie verschiedene Perspektiven einnehmen. Es gibt nicht die eine richtige Antwort, sondern man kann auf unterschiedliche Weise denken.

› Beispiel eines Leseprotokolls, das die qualitativen Teile des Lesens der Kinder zeigt.

Kapitel 3

Voraussetzungen für Sprache schaffen

„Die Sprache ist die Eintrittskarte zum Leben.“
ELSE VIG JENSEN

Die Umgebung beeinflusst, welche Sprache wir verwenden

Die Umgebung in der Kita soll zum Sprechen, Zuhören, Lesen, Schreiben, Zusammenwirken und zur Interaktion einladen. Was in der Lernumgebung vorhanden ist und hervorgehoben wird, wirkt sich darauf aus, worüber wir sprechen. Daher ist es wichtig, dass alles, was der Bildungsplan umfasst, in der Lernumgebung sichtbar ist: Sprache, Bild und Form, Technik, Naturwissenschaften, Mathematik, Musik, Bewegung und mehr.

Ein unterhaltsames Gedankenexperiment besteht darin, durch die Kita zu gehen und zu überlegen, welcher Wortreichtum in den Lernumgebungen, die wir den Kindern anbieten, möglich ist. Wie heißen die verschiedenen Teile eines Waschbeckens eigentlich? Neben den offensichtlichen Bestandteilen wie dem Wasserhahn gibt es eine Vielzahl von weiteren Begriffen, die wir den Kindern gegenüber verwenden können. Siphon, Seifenschale, Stopfen ... Wie können wir die Garderobe oder den Werkraum auf wortreiche Weise beschreiben? Überlegen Sie, welche Adjektive und Substantive Sie normalerweise verwenden und welche Begriffe ungewöhnlicher, aber in diesen Räumen durchaus sinnvoll anzuwenden sind. Es ist natürlich, dass sich die Sprache ändert, wenn sich die Lernumgebungen ändern. Draußen im Freien verwenden Kinder tendenziell mehr Verben, da sie sich mehr bewegen und aktiver sind. Im Freien nimmt normalerweise auch die Verwendung von Adjektiven zu, da die Natur in der Regel sinnlichere Erfahrungen bietet, die dazu führen, dass die Kinder in ihren Erzählungen mehr beschreiben. Drinnen nimmt häufig die Verwendung von Substantiven in der spontanen Rede zu, da es meistens mehr Objekte gibt, über die man sprechen kann. Erfahrungen aus erster Hand bedeuten, dass man etwas selbst erlebt, Erfahrungen aus zweiter Hand, dass man etwas durch andere oder durch etwas anderes erlebt. Sich einen Film über Züge anzuschauen oder jemand anderes über Züge erzählen zu hören, ist eine Erfahrung aus zweiter Hand. Selbst an Bord zu gehen und eine Strecke zu fahren, ist eine Erfahrung aus erster Hand.

Erfahrungen aus erster Hand leiten den Prozess ein, bei dem das Wissen über die Welt um uns herum zum Wortwissen wird – vorausgesetzt, jemand fasst in Worte, was wir in der Welt um uns herum sehen, hören, fühlen und erleben. Solche Erfahrungen sind als Grundlage für Gespräche effektiv und führen normalerweise dazu, dass Kinder ins Erzählen kommen. Aus Sicht der Sprachentwicklung ist es wichtig, Kindern viele Erfahrungen aus erster Hand zu ermöglichen. Wie viele solcher Erfahrungen bieten unsere Lernumgebungen? Mit welchen Sinnen können Kinder sie erforschen? Indem wir die Lernumgebungen bereichern, erweitern wir die Welten der Kinder – und auch ihre Sprache.

Für Erzieherinnen, aber auch für Betreiber von Einrichtungen ist es wichtig zu überlegen, ob einige Kinder in einem erfahrungsärmeren Umfeld aufwachsen als andere und wie sich dies kompensieren lässt. Wie wird sichergestellt, dass die inneren und äußeren Räumlichkeiten der Kita den Kindern gleichwertige Umgebungen bieten? Auf welche Art und Weise können die unmittelbare und die entferntere Umgebung der Einrichtung für die Arbeit eingesetzt werden? Sprachplanung bedeutet auch, Lernumgebungen und Erfahrungen zu planen, die die Sprachentwicklung von Kindern bereichern können.

Eine gute Sprachumgebung erschaffen

Es gibt keine klare Definition dafür, was eine gute Sprachumgebung ausmacht. Die Sprachumgebung besteht aus vielen Faktoren – von der physischen Umgebung wie der Größe und Akustik der Räume bis hin zu weicheren Faktoren wie dem Gesprächsklima oder dem Blick auf verschiedene Arten der Kommunikation. Personen und Begegnungen tragen am stärksten zur Sprachumgebung bei. Weitere wichtige Faktoren sind die Größe der Kindergruppe und die Arbeitsweise des Erziehers.

Wenn Sie überlegen, was eine gute Sprachumgebung für Ihre Einrichtung bedeutet, können Sie beginnen, ganz konkret daran zu arbeiten, sie zu verbessern. Denken Sie zunächst daran, welche störenden Geräusche, Lärm und Hintergrundrauschen es in Ihrer unmittelbaren Umgebung, sowohl drinnen als auch draußen, gibt. Dies können Lüfter, Klimaanlagen, die zu hören sind und stören, brummende Projektoren und Computer, klappernde Geschirrspülmaschinen, nerviger Verkehrslärm und anderes sein. Gibt es solche störenden Geräusche und haben Sie die Möglichkeit, sie zu reduzieren? Manchmal ist es nicht möglich, alle störenden und ablenkenden Elemente in der Umgebung zu beseitigen. Dann sollten Sie versuchen, andere Lösungen zu finden. Vielleicht können Sie den Kindern, die Ruhe um sich herum brauchen, um sich konzentrieren zu können, Gehörschutz anbieten. In einigen Räumen oder Umgebungen in der Kita darf es gerne etwas lauter zugehen, während es in anderen ruhiger und leiser sein sollte. Auf diese Weise können die Kinder anhand der Aktivität, die sie ausführen möchten, und der Intensität, mit der sie im Moment zurechtkommen, wählen, wo sie sich aufhalten wollen. Richten Sie ruhig auch ein paar ruhige und abgeschirmte Arbeitsplätze ein.

Klassische Maßnahmen zur Beseitigung lauter Geräusche bestehen darin, Tischplatten mit schalldämpfenden Matten zu versehen, Schallschutzmatten auf dem Fußboden auszulegen oder Stühle und Tische mit Möbelgleitern auszustatten. Sie können auch einen Akustiker oder einen anderen Experten auf dem Gebiet beauftragen, umfassendere Maßnahmen zu ergreifen. Heutzutage existiert eine Menge Wissen darüber, wie Umgebungen so geplant werden, dass sie im Hinblick auf das Schallumfeld gut funktionieren, und es gibt schallabsorbierende Materialien. Bei der Planung neuer Kitas ist es daher wichtig, dass die Leitung hohe Anforderungen an das Schallumfeld stellt. Anforderungen, die auch Grundlage für die Renovierung älterer Kita-Gebäude sein können.

Das Schallumfeld wird darüber hinaus stark dadurch beeinflusst, wie die Einrichtung organisiert ist. Die größte Lärmquelle in der Kita sind die Kinder selbst. Deshalb ist es wichtig, dass sich die Gruppe aufteilen lässt und verschiedene Bereiche der Kita für verschiedene Zwecke nutzt. Reduzieren Sie den „Durchgangsverkehr“ rund um die unmittelbare Lärmumgebung der Kinder. Wenn große Gemeinschaftsbereiche wie Spielzimmer, Bewegungsräume oder freie Plätze an die Räume angrenzen, in denen sich die Kinder am häufigsten aufhalten, oder wenn Personen draußen direkt an der Tür vorbeigehen, gibt es tagsüber viele störende Geräusche. Versuchen Sie also, um die unmittelbare Lernumgebung herum für Ruhe zu sorgen. Auch hier gilt wieder: Vor dem Bau des Kita-Gebäudes erreichen Sie mehr, als wenn es bereits fertiggestellt ist. Stellen Sie sicher, dass es in der Kita genügend Räume gibt, damit die Kinder in kleinere Gruppen aufgeteilt werden können.

Vielen Kindern helfen visuelle Stützen, um Zusammenhänge zu begreifen und die verschiedenen Aktivitäten des Tages nachzuvollziehen. Bilden Sie den Tag in einer Weise ab, dass die Kinder wissen, was passieren wird. Nutzen Sie visuelle Stützen, um das Sprachverständnis für diejenigen zu erleichtern, die an diesem Punkt Schwierigkeiten haben. Es können beispielsweise Bilder, Stundenpläne, Fotos oder Zeitleisten sein, je nachdem, womit Sie gern arbeiten. Einigen Kindern helfen möglicherweise Zeichen als Kommunikationsstütze. Besonders bei Anweisungen kann es nützlich sein, diese mit Bildern oder Piktogrammen zu unterstützen.

Sie sind das sprachliche Vorbild der Kinder und können viel dazu beitragen, eine gute Sprachumgebung zu erschaffen. Häufig sind Sie die Person, die die Gesprächszeit zwischen Erwachsenen und Kindern oder zwischen den Kindern untereinander plant und aufteilt. Sie sollten in einem ruhigen Tempo sprechen und mit der Lautstärke, in der Sie möchten, dass sich die Kinder auch untereinander ansprechen sollen. Wenn Sie zu einer Person, mit der Sie sprechen wollen, hingehen, steigt die Wahrscheinlichkeit, dass die Kinder dies auch tun, anstatt quer durch den Raum zu schreien. Das Gleiche gilt für Augenkontakt. Wenn Sie darauf achten, der Person, mit der Sie sprechen, in die Augen zu schauen, dann werden die Kinder es auch so halten.

FRAGEN ZUM NACHDENKEN:

- Was bedeutet eine gute Sprachumgebung für Sie?
- Welcher Wortreichtum ist in der Kita möglich? Wie können wir unsere Lernumgebungen mit mehr Wörtern bereichern?
- Auf welche Art und Weise kann die unmittelbare und die entferntere Umgebung der Kita in Ihrer Arbeit eine Rolle spielen?

Die Zusammenarbeit mit den Eltern

Als pädagogische Fachkraft sind Sie für die Kinder in der Kita ein sprachliches Vorbild. Aber nicht nur für die Kinder, sondern auch für ihre Erziehungsberechtigten. Diese registrieren unbewusst oder hören sogar bewusst darauf, wie die Fachkräfte in der Kita speziell ihren eigenen Kindern begegnen und wie sie mit ihnen sprechen. Setzen Sie sich also selbst als Werkzeug ein, um zu beeinflussen, wie die Erziehungsberechtigten ihrerseits außerhalb der Kita mit ihren Kindern sprechen und interagieren. Indem Sie dem Kind konzentriert zuhören, in die Hocke gehen, um ihm beim Sprechen in die Augen zu sehen, oder ihm echte und offene Fragen stellen, vermitteln Sie den Erziehungsberechtigten eine andere Art der Kommunikation mit Kindern, als sie es selbst gewohnt sind. Das kann auch dazu führen, dass die Erziehungsberechtigten an ihrem Kind eine ganz neue Art und Weise entdecken, zu interagieren, zu verstehen und sich auszudrücken.

Für Eltern, die ihre wichtige Rolle, die sie für die Sprachentwicklung ihres Kindes spielen, nicht erkannt haben, werden die Erzieherinnen in der Kita häufig zu Augenöffnern. Indem sie bereits von dem Zeitpunkt an, an dem das Kind in das Betreuungs- und Bildungssystem eingeführt wird, über Sprache und Sprachentwicklung sprechen, haben die Erzieherinnen in der Kita die Möglichkeit, das Bewusstsein der Eltern für den Wert der Sprache zu schärfen. Auf diese Weise können die Sprech- und Lesegewohnheiten zu Hause verändert werden, sodass das Kind so gute Voraussetzungen wie möglich erhält, eine umfangreiche Sprache zu entwickeln. Wenn die Erziehungsberechtigten kein Deutsch sprechen, sollten Sie solche Gespräche unbedingt trotzdem ermöglichen, beispielsweise mithilfe eines Übersetzers.

Das Vorlesen spielt eine sehr wichtige Rolle bei der Sprachentwicklung von Kindern. Die meisten neuen Wörter und Begriffe, die Kinder lernen, stammen aus Büchern. Im Vorschulbildungsplan wird die Sprachentwicklung von Kindern klar hervorgehoben, doch die Entwicklung und Unterstützung der Sprache von Kindern ist auch Sache der Eltern. Sie sind sich in unterschiedlichem Maße der Bedeutung einer guten Sprachentwicklung und ihrer eigenen Rolle als sprachliches Vorbild bewusst. Erzieherinnen und Eltern sollten also gemeinsam an der Sprachentwicklung der Kinder arbeiten. Die pädagogischen Fachkräfte verfügen über professionelle Kenntnisse über Sprache und Kommunikation, die sie den Erziehungsberechtigten vermitteln können. Auf diese Weise wird die Kita nicht nur für die Kinder, sondern auch für die Erziehungsberechtigten zu einer pädagogischen Ressource.

Erziehungsberechtigte inspirieren und motivieren

Es gibt unendlich viele Möglichkeiten, beim Thema Sprechen und Vorlesen zusammenzuarbeiten. Informationen, Materialien, Bücher, thematische Elterntreffen, Vorträge und Diskussionen sind nur einige Beispiele. Kooperationen mit Bibliotheken oder die Gründung einer eigenen Bibliothek können effektive Wege sein, um die Erziehungsberechtigten darauf aufmerksam zu machen, wie wichtig es ist, den Kindern vorzulesen. Auch ist es wichtig, an Geburtstagen Buchgeschenke zu machen und die Eltern zu den Märchenvorführungen der Kinder einzuladen. Eine andere Möglichkeit besteht darin, das Lesen zu Hause parallel zur Bestandsaufnahme in der Kita festzuhalten. Die

Erziehungsberechtigten können dokumentieren, wo, wann und wie sie während der Woche lesen, oder einen Fragebogen über ihre (Vor-) Lesegewohnheiten zu Hause ausfüllen. Nach der Bestandsaufnahme können Sie eine Lese-Challenge oder Ähnliches starten. Oder Sie gründen in der Kita einen Kinderbuchclub, in dem Kinder ihre Buchtipps filmen und aufnehmen, um sie mit ihren Freunden zu teilen.

Die Zusammenarbeit mit den Erziehungsberechtigten sollte natürlich spielerisch sein und Freude bereiten. Niemand sollte sich gezwungen, unter Druck gesetzt oder gestresst fühlen. Denken Sie daran, die Erziehungsberechtigten darüber zu informieren, dass es viele Alternativen zu traditionellen Büchern für Personen gibt, die beispielsweise aufgrund von Legasthenie oder Sehbehinderungen Leseschwierigkeiten haben. Das Vorlesen für Kinder ist daher keine Frage der Lesefertigkeit. Wer Schwierigkeiten beim Lesen hat, kann über die Bibliothek auf Hörbücher zurückgreifen.

Es geht darum, den Blick auf die Sprachentwicklung der Kinder zu lenken und sie in Gesprächen mit Eltern und Elterngruppen sukzessive zu verbessern. Durch solche Gespräche kann die Kita dazu beitragen, das Wissen der Erziehungsberechtigten über das bewusste Entwickeln der Sprache ihrer Kinder zu erweitern. Aber sie erhöht auch die elterliche Motivation, mit den Kindern zu sprechen und zu lesen. Durch diese Vorgehensweise gelingt es Ihnen als Erzieherinnen, die Sprache der Kinder direkt (in der Kita) und indirekt (durch die Eltern) weiterzuentwickeln. Wenn die Zeiträume, in denen ein Kind spricht oder vorgelesen bekommt, länger werden, dann wird sich auch die Sprache des Kindes verbessern.

Wissen und Erfahrungen teilen

Welche Fragestellungen sind in der Kommunikation mit den Erziehungsberechtigten von besonderer Bedeutung? Das ist natürlich unterschiedlich, doch es sollte die Regel sein, mit allen Eltern darüber zu reden, welche Sprachen zu Hause gesprochen werden und in welcher Sprache die Eltern ihren Kindern vorlesen. Es ist auch wichtig zu wissen, ob die Kinder zu Hause darum bitten, vorgelesen zu bekommen, und ob sie selbst entscheiden, was gelesen werden soll. Eine weitere wichtige Frage ist, ob die Kinder sich zu Hause gerne unterhalten. Stellen die Kinder normalerweise Fragen, wenn gemeinsam gelesen wird, und sprechen sie währenddessen und danach gerne über die Sprache und den Inhalt des Buches?

Nur wenige Eltern sehen sich selbst als lesende Vorbilder. Deshalb kann es sinnvoll sein, ihnen zu vermitteln, dass Kinder ihre Familienangehörigen lesen sehen müssen, um selbst zu Lesern zu werden. Identifikation ist in diesem Zusammenhang äußerst wichtig. Betonen Sie auch, wie wertvoll es ist, dass die Kinder Zugang zu Büchern bekommen. Wissen die Kinder, wo zu Hause die Bücher stehen? Können sie sie selbst erreichen? Werden Bücher als attraktiv und verlockend angesehen, beispielsweise wenn das Kind den Umschlag und die Bilder im Buch sieht? Hat die Familie die Möglichkeit, eine Bibliothek zu besuchen, um dem Kind einen noch besseren Zugang zu Büchern zu ermöglichen?

In den Gesprächen mit Erziehungsberechtigten geht es darum, die Bedeutung des Sprachvermögens hervorzuheben und das Wissen, das Sie über die Sprachentwicklung von Kindern haben, zu teilen. Aber es geht auch darum, sichtbar zu machen, woran Sie in der Kita arbeiten. Neben allgemeinen Informationen zur Sprachentwicklung ist also auch der aktuelle Stand des jeweiligen Kindes ein Thema. Im

Dialog können Sie Erfahrungen austauschen, die Zusammenarbeit stärken und so die Möglichkeit eines jeden Kindes optimieren, eine umfangreiche Sprache zu entwickeln.

FRAGEN ZUM NACHDENKEN:

- Wie sieht die Zusammenarbeit in Bezug auf Sprache und Vorlesen mit den Erziehungsberechtigten an Ihrer Kita aus?
- Wie können Sie die Erziehungsberechtigten in ihrer Rolle als sprachliche Vorbilder unterstützen?
- Wie lassen sich die Erziehungsberechtigten stärker in die Arbeit der Kita einbeziehen?

Die Entwicklung als sprachliches Vorbild

In ein und derselben Kindergruppe in der Kita treffen wir auf verschiedene Individuen mit unterschiedlichen Bedürfnissen. Sie haben in ihrer Entwicklung einen unterschiedlich langen Weg zurückgelegt, und sie haben eine jeweils ganz eigene Art, zu sein und zu lernen.

Als sprachliche Vorbilder schaffen wir Arenen, in denen alle Kinder, unabhängig von ihren Fähigkeiten und Bedürfnissen, die Möglichkeit bekommen, ihre Gedanken und Gefühle einzubringen. Wir sehen jeden Einzelnen, aber auch die Gruppe als Ganzes und was sie braucht, um sicher und inklusiv zu sein. Unsere pädagogische Anleitung, bei der die Kommunikation und die Sprache die zentralste Rolle spielen, ist das effektivste und flexibelste Werkzeug in unserer täglichen Arbeit. Mithilfe der Sprache können wir bei den Kindern Neugier, Vertrauen in die Zukunft, Verständnis, Gemeinschaft und Selbstwertgefühl entstehen lassen. Für Kinder, für die Sprache eine besondere Herausforderung darstellt, besteht die häufigste Maßnahme darin, sich auf den Input und den Sprechraum zu konzentrieren, um die Sprechzeit mit Erwachsenen zu erhöhen. Ein sehr häufiges Mittel ist auch, das Kind beim Spielen und in der sozialen Interaktion zu unterstützen, weil ein starker Zusammenhang zwischen sprachlichen Herausforderungen und Schwierigkeiten in der sozialen Interaktion besteht. Wer seine Gedanken und Ideen nicht verständlich ausdrücken kann, hat Nachteile. Kinder, die Schwierigkeiten haben zu verstehen, was andere sagen, haben Probleme, dem Spiel und der Interaktion zu folgen. In diesen Situationen sind die sprachlichen Vorbilder der Schlüssel dazu, dass das Kind trotz seiner Schwierigkeiten die Möglichkeit bekommt, gleichberechtigt am Spiel und an der Interaktion teilzunehmen. Doch auch für Kinder mit normaler Sprachentwicklung sind die sprachlichen Vorbilder unglaublich wichtig. Die Sprache und die Kommunikation der Pädagogen sind die wichtigsten Werkzeuge für die Entwicklung der Sprache von Kindern.

Generell muss das sprachliche Niveau in der Kita angehoben werden, damit die Sprachfähigkeiten aller Kinder herausgefordert werden. Das ist keine leichte Aufgabe. Denn wenn wir sprechen, denken wir nicht darüber nach, wie wir es tun. In unserem Alltag verlangen Kinder viel Aufmerksamkeit und darüber hinaus bestehen unsere Arbeitstage auch noch aus einer Vielzahl anderer Aktivitäten: Besprechungen, aktive Pausen, Verwaltungsarbeiten und verschiedene Weiterbildungen in allen möglichen Bereichen, von Mathematik bis zum neuen Computersystem der Kommune. Wie soll da die Aufmerksamkeit ausreichen, um sich auf die eigene Sprache zu konzentrieren?

Die meisten von uns gehen so schnell vom Denken zum Sprechen über, dass sie kaum Zeit haben, darüber nachzudenken, was sie sagen und wie sie es sagen, bis sie es bereits ausgesprochen haben. Doch genau wie wir Themen und Aktivitäten planen, können wir auch die Spracharbeit planen und in ein System einbauen. Auf diese Weise entwickeln wir neue Gewohnheiten für uns. Denn eines ist sicher: Nur wenn wir das Richtige tun und uns verbessern, können wir uns weiterentwickeln. Zuerst müssen wir herausfinden, was denn jetzt genau das Richtige in unserer Kindergruppe ist. Wenn wir das wissen, müssen wir dafür sorgen, dass es wirklich getan wird. Ein wichtiger Schritt ist, sich seiner selbst und der Art und Weise, in der man sich verhält und spricht, bewusst zu werden. Zu wissen, wie sich meine Art, mich zu verhalten und zu sprechen, auf das Lernen der Kinder auswirkt.

Eine gute Möglichkeit, dies zu erfassen, ist, dass wir uns und die Kinder in verschiedenen Situationen filmen und dann das Material anhören, ansehen und analysieren. Wählen Sie einen oder mehrere Schwerpunkte, beispielsweise wie viele lange Sätze verwendet werden, wie viele Nebensätze verwendet werden, wie viel Sprechraum die Erzieherin im Verhältnis zum Raum einnimmt, den die Kinder bekommen, oder ob die Erzieherin Wörter und Begriffe in ausreichendem Maße benennt. Ein solcher Fokus ist wichtig beim Anschauen der Aufnahmen.

BEISPIELE FÜR FOKUSBEREICHE:

- Wie ist der Sprechraum zwischen Erzieherinnen und Kindern?
- Wie viel Sprechraum bekommt jedes einzelne Kind?
- Welche Kinder dürfen über einen längeren Zeitraum sprechen, mit einer entwickelten Sprache und Argumentation, in der ein längerer Gedanke wiedergegeben wird?
- Was passiert, wenn das Gespräch unterbrochen wird?
- Wie ist das Lärmniveau in der Einrichtung?
- In welchen Lernumgebungen in der Einrichtung finden Gespräche statt?
- In welchen Lernumgebungen finden selten Gespräche statt?
- In welchen Lernumgebungen arbeiten die Kinder zusammen?

- Wie leiten die Erzieherinnen zu einem guten Gesprächsklima an?
- Was passiert, wenn ein Kind sich nicht verständlich machen kann?
- Was passiert, wenn Kinder etwas nicht verstehen?
- Wie werden andere Ausdrucksformen als Sprache verwendet, beispielsweise Bilder, Zeichen, Körpersprache?
- Welche Art von Aktivitäten initiieren die Erwachsenen?
- Welche Art von Aktivitäten initiieren die Kinder?
- Wie wird die Körpersprache verwendet?
- Werden die richtigen Wörter verwendet? Werden neue, schwierige und herausfordernde Begriffe verwendet?
- Wie geben die Erzieherinnen Anweisungen?
- Fordern die Erzieherinnen zur Verwendung mehrerer Sprachen auf?

Genau wie alle anderen Formen von Entwicklungsarbeit benötigt auch die sprachliche Entwicklungsarbeit Zeit und kann niemals als abgeschlossen angesehen werden. Wir leben in einer Welt, die sich ständig verändert, und treffen jedes Jahr auf neue Kinder mit individuellen Fähigkeiten und Bedürfnissen. Unsere Kindergruppe entwickelt sich weiter, und die Strategien, die ich heute anwende, werde ich wahrscheinlich in drei Monaten verändern müssen. Wir können niemals aufhören, sondern müssen den Kindern und ihren Lernfortschritten kontinuierlich folgen. Das bedeutet, dass wir immer in Bewegung sein werden. Wir werden jeden Tag kleine Schritte machen, unsere Tätigkeit und uns selbst als Gesprächspartner anpassen, bewerten, überdenken und verbessern.

FRAGEN ZUM NACHDENKEN:

- Was sind Ihre Stärken als sprachliches Vorbild? Wie können Sie noch besser werden?
- Wie können Sie im Team zusammenarbeiten, um sich als sprachliche Vorbilder weiterzuentwickeln?
- Auf welche Art und Weise kann die Kita-Leitung Sie unterstützen?

Schlusswort

Die Unterstützung, die wir jedem einzelnen Kind in der Kita geben, dient mehreren Zwecken. Wir wollen dem Kind helfen, die gleichen Voraussetzungen wie alle anderen Kinder aufzubauen, um in der Gruppe gleichwertig an Interaktion und Gemeinschaft teilzuhaben. Wir wollen auch die weitere Sprachentwicklung des Kindes unterstützen und sein Selbstwertgefühl stärken. Unsere Bemühungen richten sich an jedes einzelne Kind, aber auch an die ganze Gruppe. Wir möchten für ein gutes Gesprächsklima sorgen und wünschen uns eine Art und Weise der Kommunikation, die dazu führt, dass alle Kinder zusammenarbeiten und einander helfen. Das kann auch bedeuten, dass wir Akzeptanz für verschiedene Arten der Kommunikation schaffen.

Das alles klingt möglicherweise nach einer ziemlich schwierigen Aufgabe. Wir müssen über vieles nachdenken, und die Zeit, um alle Bedürfnisse der Kinder zu erkennen und zu befriedigen, fühlt sich knapp an. Manche Menschen finden, dass das eine zu große Aufgabe ist, selbst für Erwachsene. Doch ich bin der Überzeugung, dass Kinder besser zurechtkommen als Erwachsene, wenn ihnen nur die richtigen Voraussetzungen geboten werden. Mary Rose O'Reilleys Vision, die Sprache der Kinder so zu entwickeln, dass die nächste Generation von Erwachsenen die erste Generation sein wird, die aufhört, sich gegenseitig umzubringen, ist utopisch, aber durchaus plausibel. Wenn Malala Yousafzai sagt, dass man Terroristen mit Waffen töten kann, Terrorismus jedoch mit Bildung, spricht sie über die Bildungsarbeit der Kita und der Schule, aber vor allem auch über die Arbeit mit Grundwerten. In dieser Arbeit sind Sprache und Kommunikation entscheidend.

In diesem Sinne wünsche ich mir, dass Sie beim Lesen dieses Buches neue Gedanken und Werkzeuge erhalten haben, die Sie mit in Ihre tägliche Praxis nehmen können. Ich hoffe, dass diese Gedanken und Werkzeuge Ihnen dabei helfen, sprachentwickelnde Umgebungen, Aktivitäten und Gespräche in den Kindergruppen, in denen Sie arbeiten, zu schaffen. Und nicht zuletzt hoffe ich, dass diese Gedanken und Werkzeuge Ihnen helfen, diese Zukunft, die wir uns alle vorstellen können, Wirklichkeit werden zu lassen. Eine friedliche, integrative, sichere, gesprächige, demokratische und fantastische Zukunft, beginnend mit einer friedlichen, integrativen, sicheren, gesprächigen, demokratischen und fantastischen Kita.

Die Autorin

Karolina Larsson ist staatlich geprüfte Logopädin. Sie arbeitet als Sprach-, Lese- und Schreibentwicklerin der Kommune Halmstad in Schweden. In ihrem eigenen Unternehmen *Ut med språket AB* engagiert sie sich als Dozentin, Autorin und Beraterin für Sprach-, Lese- und Schreibentwicklung.

Literatur

Aspelin, J. & Persson, S. (2015). Om relationell pedagogik, Malmö, Gleerups Utbildning AB.

Einarsson, J. (2004). Språksociologi, Lund, Studentlitteratur.

EU:s nyckelkompetenser för livslångt lärande www.regeringen.se/artiklar/2018/05/ beslut-om- nyckelkompetenser-for-livslangt-larande-pa-eu-mote

Fast, C. (2008). Literacy – i familj, förskola och skola, Lund, Studentlitteratur.

FN:s deklaration för mänskliga rättigheter http:// www.manskligarattigheter.se/ dm3/file_ archive/060621/9649d2011fd4f5bb858acf1419189c67/ konventionstexter_ pdfversion.pdf

Gjems, L. (2013). Barn samtalar sig till kunskap, Malmö, Studentlitteratur.

Gärdenfors, P. (2010). Lusten att förstå, Stockholm, Natur & Kultur. Håkansson, G. (2014). Språkinlärning hos barn, Dänemark, Studentlitteratur.

Johnston, P. (2012). Väl valda ord, Göteborg, Bokförlaget Daidalos AB. Lindö, R. (2009). Det tidiga språkbadet, Lund, Studentlitteratur.

O'Reilley, M. R. (1993). The peaceable classroom, Portsmouth, Boynton/Cook Publishers.

Strandberg, L. (2006). Vygotskij i praktiken – Bland plugghästar och fusklappar, Finnland, Norstedts akademiska förlag.

Smith, R.-E. (1999). Psychology (1. Auflage), Nachdruck 1999 von International Thomson Publishing Europe.

Wetherell, M. (2002). Identities, groups and social issues, London, SAGE Publications Ltd.

Vygotsky, L. (1978). Mind in society, Cambridge, Mass., Harvard University Press.

Illustration Anzeigen
lovely-kids-colored-sketches-set: Designed by Freepik